도일리
손뜨개 무늬집
Doily

임현지 저

예신 Books

fashion hand knit pattern

머리말

이전에 펴낸 '패션 손뜨개 무늬집' 시리즈는 대바늘과 코바늘 그리고 에칭에 이르기까지 방대한 분량의 무늬들을 스타일별로 나누어 구성하였다.

이 책은 '패션 손뜨개 무늬집' 중 제10권으로 기존 대바늘과 코바늘 무늬뜨기가 아닌 방자 무늬뜨기로 새로운 구성을 하였다.

기존 무늬집은 단순 무늬 반복으로 이루어진 무늬뜨기를 했다면 이번 시리즈 무늬집은 얼핏 보기에는 코바늘 같지만 코바늘 뜨기와 모티브 뜨기에 기교가 혼합된 뜨기 방법으로 의상에서 휴대용 소품, 인테리어 용품까지 실생활의 활용도는 최고일 것이다. 기존 무늬집 작업도 쉽지 않았지만 이번 제 10권의 작업이 가장 고난이도 작업이었다. 샘플링 작업을 하고, 도안을 그리는 데 어려움이 많았지만 새로운 것을 만든다는 자부심에 힘을 얻고 열심히 만들었다.

이 무늬집을 보고 나면 흔한 무늬들이라고 하는 독자도 있을 것이고, 새로운 무늬라고 하는 독자도 있겠지만, 무늬집을 준비하면서 여러 가지 도안과 패턴들을 작업해 보니 같은 무늬도 한 단, 한 코, 실의 굵기와 종류, 색상을 어떻게 쓰느냐에 따라 새로운 무늬가 나올 수 있다는 것을 알게 되었다. 독자들도 이 책을 참고하여 여러 가지 방법으로 응용할 수 있게 되길 바라며, 특히 새롭고 독특한 무늬를 찾는 분들에게 큰 도움이 되었으면 한다.

이 책이 나오기까지 도움을 주신 **일진사** 직원 여러분께 감사의 마음을 전한다.

임 현 지 (jwy1266@hanmail.net)

contents

코바늘 뜨기 기호 · · · · · · · · · · · · · · · 6
코바늘 뜨기 방법 · · · · · · · · · · · · · · · 8
코바늘 뜨기의 실제 · · · · · · · · · · · · · 18
장미 문양 뜨기 · · · · · · · · · · · · · · · · · 20
딸기 문양 뜨기 · · · · · · · · · · · · · · · · · 22
포도송이 무늬 뜨기 · · · · · · · · · · · · · 24
꽃 무늬 매트 뜨기 · · · · · · · · · · · · · · · 26
아라비안 고딕 무늬 뜨기 · · · · · · · · · 28
모란 꽃 무늬 뜨기 · · · · · · · · · · · · · · 30
단풍잎 무늬 뜨기 · · · · · · · · · · · · · · · 32
육각 꽃 무늬 매트 뜨기 · · · · · · · · · · 34
릴리 꽃 무늬 뜨기 · · · · · · · · · · · · · · 36
나팔 꽃 무늬 뜨기 · · · · · · · · · · · · · · 38
육각 하트 무늬 뜨기 · · · · · · · · · · · · 40
꼬인 무늬 뜨기 · · · · · · · · · · · · · · · · · 42
2단 마름모 무늬 뜨기 · · · · · · · · · · · 44
포도나무 아래 고양이 뜨기 · · · · · · · 46
꽃 무늬 액자 뜨기 · · · · · · · · · · · · · · 48
고딕 무늬 뜨기 · · · · · · · · · · · · · · · · · 50
장미 세 송이 뜨기 · · · · · · · · · · · · · · 52
장미 꽃 액자 뜨기 · · · · · · · · · · · · · · 54
모란 꽃 무늬 뜨기 · · · · · · · · · · · · · · 56
나뭇잎 무늬 매트 뜨기 · · · · · · · · · · 58
덩쿨 꽃 무늬 뜨기 · · · · · · · · · · · · · · 60

꽃 다발 무늬 뜨기 · · · · · · · · · · · · · · · 62	십육각 꽃 무늬 뜨기 · · · · · · · · · · · · · · · 86
꽃 무늬 액자 뜨기 · · · · · · · · · · · · · · · 64	사방 포도 넝쿨 액자 뜨기 · · · · · · · · · · · 88
팔각 무늬 뜨기 · · · · · · · · · · · · · · · · · · 66	사방 파인애플 무늬 뜨기 · · · · · · · · · · · 90
네 잎 클로버 무늬 액자 뜨기 · · · · · · · · 68	육각 나비 무늬 뜨기 · · · · · · · · · · · · · · 92
사랑의 하트 화살 액자 무늬 뜨기 · · · · · 70	꽃 화분 액자 뜨기 · · · · · · · · · · · · · · · · 94
사방 장미 꽃 무늬 매트 뜨기 · · · · · · · · 72	팔각 기하학 무늬 뜨기 · · · · · · · · · · · · · 96
덩쿨 무늬 뜨기 · · · · · · · · · · · · · · · · · · 74	육각 국화 무늬 뜨기 · · · · · · · · · · · · · · 98
공작 무늬 액자 뜨기 · · · · · · · · · · · · · · 76	십육각 테이블 무늬 뜨기 · · · · · · · · · · · 100
사방 해바라기 꽃 무늬 뜨기 · · · · · · · · · 78	백조 무늬 액자 뜨기 · · · · · · · · · · · · · · 102
장미 꽃 거울모양 액자 뜨기 · · · · · · · · · 80	무늬뜨기 활용 소품 · · · · · · · · · · · · · · · 104
기하학 무늬 벽걸이 도형 뜨기 · · · · · · · 82	무늬뜨기 활용 패션 · · · · · · · · · · · · · · · 107
원형 테이블 뜨기 · · · · · · · · · · · · · · · · 84	

fashion hand knit pattern

코바늘 뜨기 기호

기호	명칭	기호	명칭
○	사슬뜨기	⬭	1길 긴뜨기 3코 방울뜨기
+	짧은뜨기	⬭	1길 긴뜨기 3코 구멍에 넣어 방울뜨기
T	긴뜨기	⬭	1길 긴뜨기 5코 방울뜨기
⊤	1길 긴뜨기	⬭	1길 긴뜨기 5코 구멍에 넣어 방울뜨기
⊤	2길 긴뜨기	⬭	1길 긴뜨기 5코 팝콘뜨기
⊤	3길 긴뜨기	⬭	1길 긴뜨기 5코 구멍에 넣어 팝콘뜨기
⊤	4길 긴뜨기	⋀	1길 긴뜨기 5코 모아뜨기
⌒	사슬 3코 피코뜨기	V	1코에 1길 긴뜨기 2코 떠넣기
⌒	사슬 3코 빼뜨기 피코	V	구멍에 1길 긴뜨기 2코 떠넣기
⋀	1길 긴뜨기 2코 모아뜨기	W	1코에 1길 긴뜨기 3코 떠넣기

기호	설명	기호	설명
⋀	1길 긴뜨기 2코 구멍에 넣어 방울뜨기	⋀⋀	구멍에 1길 긴뜨기 3코 떠넣기
⋀	1길 긴뜨기 3코 모아뜨기	∨	1코에 1코 간격 1길 긴뜨기 2코뜨기
∨	1코에 3코 간격 1길 긴뜨기 2코뜨기	ʓ	1길 긴뜨기 안으로 걸어뜨기
∨	1코에 1길 긴뜨기 4코뜨기	ㅎ	7보뜨기
∨	구멍에 1길 긴뜨기 5코뜨기	⬭	긴뜨기 3코 방울뜨기
∨	1코에 1길 긴뜨기 5코 부채모양 뜨기	8	긴뜨기 3코 2단 방울뜨기
∨	구멍에 1길 긴뜨기 5코 부채모양 뜨기	⬬	이중 방울뜨기
∨	1코에 1길 긴뜨기 1코 간격 4코뜨기 (셀뜨기)	Y	1코 간격 Y자 뜨기
∨	구멍에 1길 긴뜨기 2코 간격 6코뜨기 (셀뜨기)	⅄	2코 간격 X자 뜨기
ʓ	1길 긴뜨기 겉으로 걸어뜨기	⋏	거꾸로 Y자 뜨기

코바늘 뜨기 방법

1. 사슬뜨기

❶ 화살표 방향으로 바늘에 실을 감는다.
❷ 고리의 중심으로 실을 꺼낸다.
❸ 실을 걸어서 2코를 뜬다.
❹ 시작코는 1코로 세지 않는다.
❺ 사슬뜨기 코의 바깥쪽과 안쪽이다. 사슬뜨기 코 만들기에서 코를 주울 때 보통 사슬의 뒷고리에서 1개씩 줍는다.

2. 짧은뜨기

❶ 사슬 1코를 세워서 2코째 뒷고리에 바늘을 넣는다.
❷ 바늘에 실을 걸어서 화살표와 같이 빼낸다.
❸ 한번 더 실을 걸어서 2개의 고리를 한번에 빼낸다.
❹ 짧은뜨기 1코를 뜬다.
❺ ❶~❸을 반복하면 짧은뜨기 3코가 떠진다.

3. 긴뜨기

❶ 사슬 2코를 기둥으로 하여 바늘에 실을 감아 바늘에서 4번째 사슬의 뒷고리에 바늘을 넣는다.
❷ 실을 걸어서 고리를 빼내고, 3개의 고리를 한 번에 빼낸다.
❸ 긴뜨기 1코를 완성한 후, 다음 코를 화살표 위치에 넣어 뜬다.
❹ 기둥을 1코로 셀 수 있으므로 긴뜨기 4코가 된다.

4. 1길 긴뜨기

❶ 사슬 3코로 기둥을 세우고 바늘에 실을 감아 5코째 사슬 뒷고리에 넣는다.
❷ 실을 빼내서 다시 실을 걸어 고리 2개만 빼낸다.
❸ 한번 더 실을 걸어서 나머지 2개를 빼낸다.
❹ 1길 긴뜨기가 완성되면 다음 코에도 ❶~❸을 반복한다.

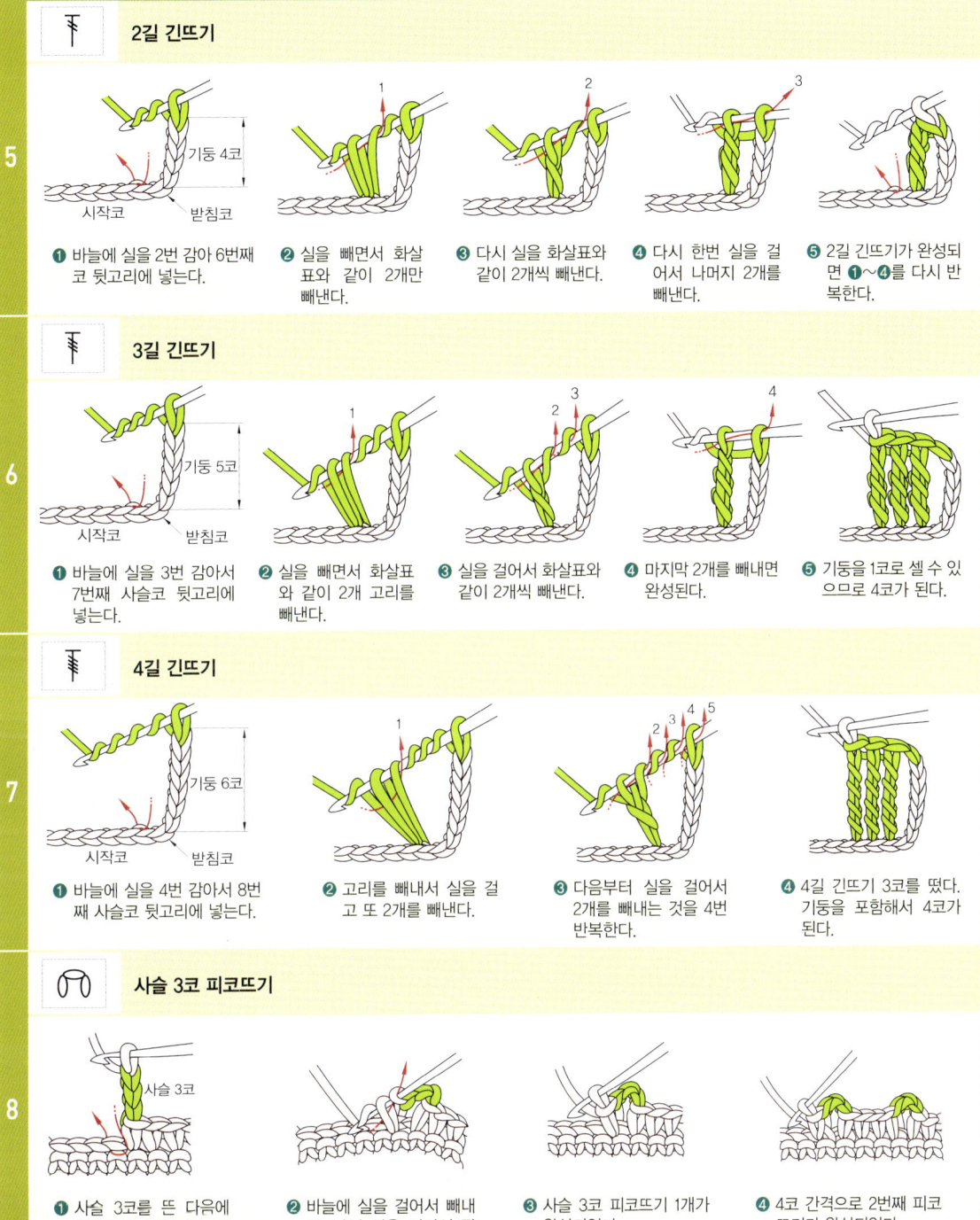

	사슬 3코 빼뜨기 피코			
9		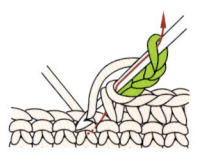	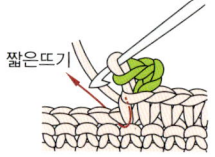	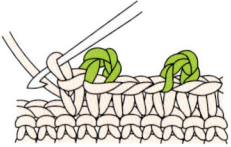
	❶ 사슬 3코를 뜨고, 짧은뜨기의 머리 반코와 발 하나에 화살표와 같이 바늘을 넣는다.	❷ 바늘에 실을 걸어 화살표처럼 한 번에 빼낸다.	❸ 다음 코를 뜨면 빼뜨기 피코가 완성된다.	❹ 4코 간격을 두고 다음 피코를 뜨고 나서 짧은뜨기 1코를 뜬다.

	1길 긴뜨기 2코 모아뜨기			
10	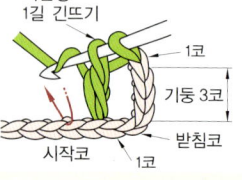	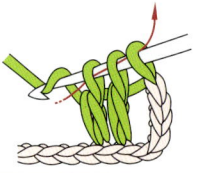	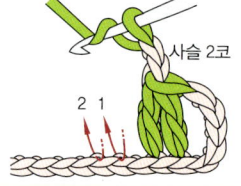	
	❶ 먼저 미완성 1길 긴뜨기를 1개 뜨고, 다음 코에도 같은 모양을 뜬다.	❷ 바늘에 걸려 있는 3개 고리를 한 번에 빼낸다.	❸ 1길 긴뜨기 2코 모아뜨기를 완성한다. 다음은 화살표의 위치에서 뜬다.	❹ 2개째 1길 긴뜨기 2코 모아뜨기가 완성되었다.

	1길 긴뜨기 2코 구멍에 넣어 방울뜨기			
11	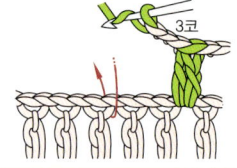	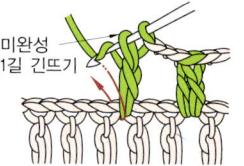	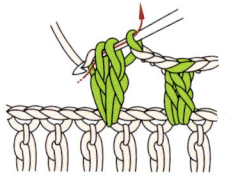	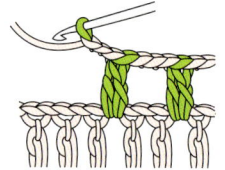
	❶ 바늘에 실을 감아서 전단의 화살표 위치에 집어 넣는다.	❷ 미완성 1길 긴뜨기를 같은 위치에 한 번 더 반복한다.	❸ 바늘에 실을 감아서 화살표와 같이 고리 3개를 한 번에 빼낸다.	❹ 1길 긴뜨기 2코 방울뜨기를 하고, 사슬을 3코 떠서 계속한다.

	1길 긴뜨기 3코 모아뜨기			
12		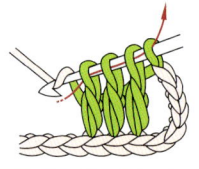		
	❶ 미완성 1길 긴뜨기를 1코 뜨고, 계속해서 화살표와 같이 2코 더 뜬다.	❷ 바늘에 실을 감아서 화살표와 같이 바늘에 걸린 4개 고리를 한 번에 빼뜬다.	❸ 1길 긴뜨기 3코 모아뜨기가 완성되었다. 사슬 3코를 뜬 다음 화살표의 3코에 떠 넣는다.	❹ 2개가 완성되었다. 다음의 코를 뜨게 되면 처음 부분이 안정된다.

1길 긴뜨기 3코 방울뜨기

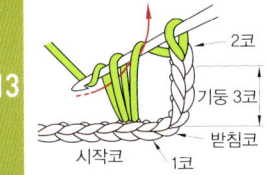 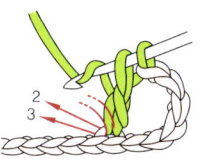  

❶ 기둥은 사슬 3코이다. 먼저 미완성 1길 긴뜨기를 1코 뜬다.
❷ 같은 코에 바늘을 넣어서 미완성 1길 긴뜨기를 2코 뜬다.
❸ 바늘에 실을 걸어 화살표와 같이 고리 4개를 한 번에 빼낸다.
❹ ❶~❸을 되풀이해서 1길 긴뜨기 3코 방울뜨기 2개가 완성되었다.

1길 긴뜨기 3코 구멍에 넣어 방울뜨기

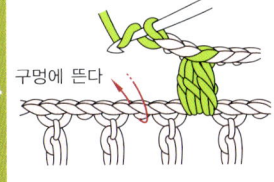 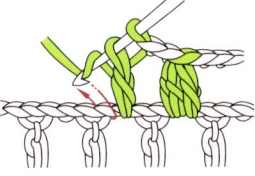 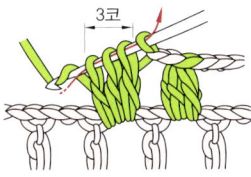 

❶ 바늘에 실을 걸어 화살표 방향으로 넣어서 전단 구멍에 뜬다.
❷ 실을 빼서 고리 2개를 빼내고, 미완성 1길 긴뜨기를 1코 뜬다.
❸ 같은 위치에 다시 2코 떠서 4개 고리를 한 번에 빼낸다.
❹ ❶~❸을 반복하면 1길 긴뜨기 3코 방울뜨기 2개가 완성된다.

1길 긴뜨기 5코 방울뜨기

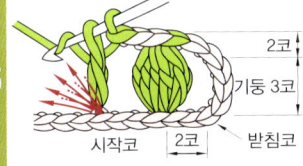   

❶ 바늘에 실을 감아서 화살표가 표시된 코에 미완성 1길 긴뜨기를 1코 뜬다.
❷ 같은 코에 4번 더 바늘을 넣어서 미완성 1길 긴뜨기를 4코 떠넣는다.
❸ 바늘에 걸려 있는 6개의 고리를 한 번에 빼낸다.
❹ 사슬뜨기 3코를 떠서 ❶~❸을 반복한다. 1길 긴뜨기 5코 방울뜨기를 2개 완성하였다.

1길 긴뜨기 5코 구멍에 넣어 방울뜨기

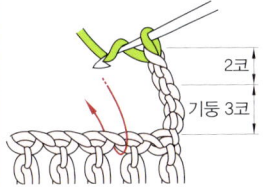 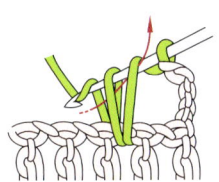 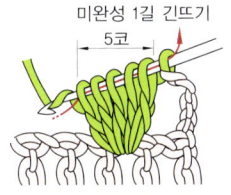 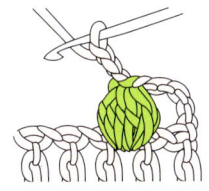

❶ 바늘에 실을 감아 화살표 위치에 넣는다.
❷ 실을 걸어서 고리 2개만 빼내어 미완성 1길 긴뜨기를 뜬다.
❸ 같은 위치에 바늘을 넣어서 미완성 1길 긴뜨기를 4코 더 뜬다.
❹ 6개 고리를 한 번에 빼내서 방울뜨기를 완성한다.

1길 긴뜨기 5코 팝콘뜨기

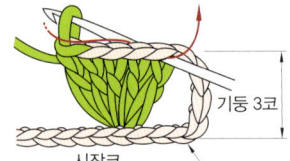 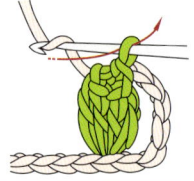 

❶ 같은 코에 1길 긴뜨기 5코를 뜨고, 일단 바늘을 바꾸어 1길 긴뜨기 첫 번째 코에 집어 넣는다.

❷ 1길 긴뜨기 첫 번째 코의 앞쪽으로 빼내어 다시 사슬뜨기를 해서 잡아 당긴다.

❸ 1길 긴뜨기 5코 팝콘뜨기 2개가 완성되었다.

 1길 긴뜨기 5코 구멍에 넣어 팝콘뜨기

 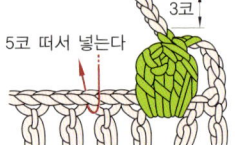 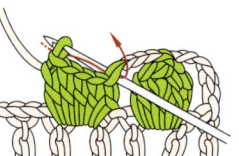 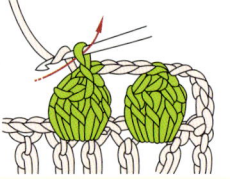 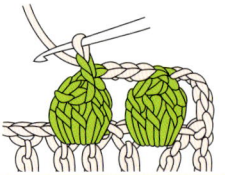

❶ 바늘에 실을 감아서 화살표의 위치에 바늘을 넣고 실을 건다.

❷ 1길 긴뜨기 5코를 뜨고, 바늘을 바꾸어 1길 긴뜨기 첫 번째 코에 집어 넣는다.

❸ 고리를 첫 번째 코의 머리 부분에 빼내고, 다시 사슬뜨기 1코를 잡아 당긴다.

❹ 구멍에 넣어 뜨는 팝콘뜨기 2개가 완성되었다.

 1길 긴뜨기 5코 모아뜨기

 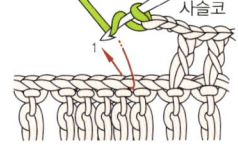 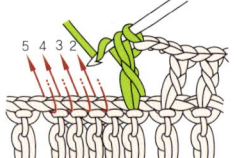 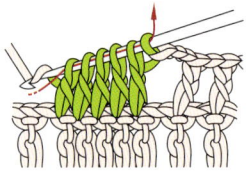 

❶ 화살표 위치에 바늘을 넣고 실을 걸어서 고리를 2개만 빼낸다.

❷ 화살표 위치에 바늘을 넣어서 ❶과 같은 모양으로 미완성 1길 긴뜨기를 4코 더 뜬다.

❸ 바늘에 실을 감아 걸려 있는 6개 고리를 한 번에 빼낸다.

❹ 1길 긴뜨기 5코를 한번에 뜨고, 사슬뜨기 3코를 떠서 다음 단계를 계속한다.

 1코에 1길 긴뜨기 2코 떠넣기

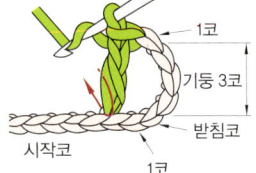 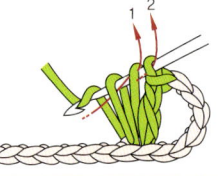 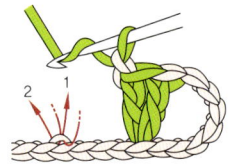 

❶ 먼저 1길 긴뜨기를 1코 뜨고, 같은 코에 화살표와 같이 바늘을 넣는다.

❷ 바늘에 실을 감아 고리를 2개씩 빼내어 1길 긴뜨기를 뜬다.

❸ 1코에 1길 긴뜨기 2코 떠 넣기 1개가 완성되었다.

❹ 사슬 1코의 간격을 두고 2개째 뜬 것이다.

구멍에 1길 긴뜨기 2코 떠넣기

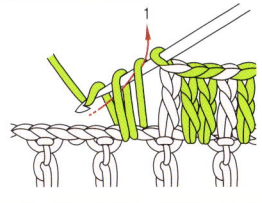 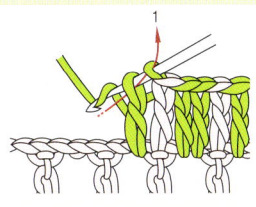 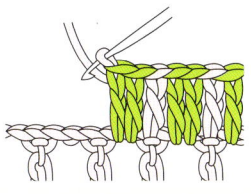

❶ 바늘에 실을 감아서 전단의 화살표 위치에 넣는다.
❷ 실을 걸어서 빼내고, 화살표와 같이 고리를 2개만 빼낸다.
❸ 다시 남은 고리도 2개 빼내서 1길 긴뜨기 1코를 뜬다.
❹ 같은 위치에 1코 더 떠 넣으면 구멍에 뜬 1길 긴뜨기 2코가 완성된다.

1코에 1길 긴뜨기 3코 떠넣기

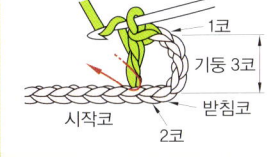 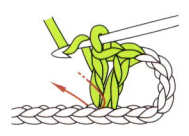 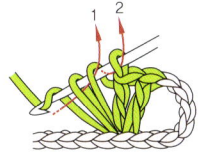 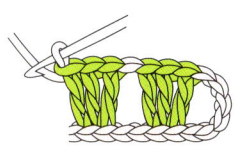

❶ 1길 긴뜨기를 1코 떠서 같은 코에 바늘을 넣어 다시 1코를 뜬다.
❷ 바늘에 실을 감아서 한 번 더 같은 위치에 넣는다.
❸ 고리를 빼내서 1길 긴뜨기를 뜨고, 1코에 3코를 떠 넣어 완성한다.
❹ 사슬 1코의 간격을 두고 2개가 완성되었다.

구멍에 1길 긴뜨기 3코 떠넣기

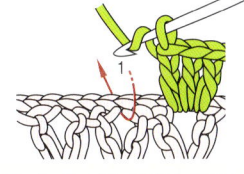 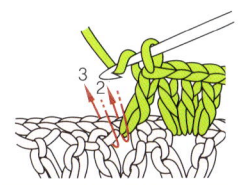 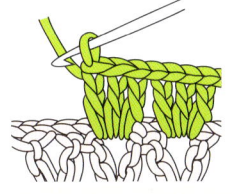

❶ 바늘에 실을 감아서 화살표와 같이 전단의 구멍에 넣어 뜬다.
❷ 1길 긴뜨기 1코를 뜨고, 같은 위치에 바늘을 넣어 2코를 더 뜬다.
❸ 구멍에 1길 긴뜨기 3코 떠넣기 2개가 완성되었다.

1코에 1코 간격 1길 긴뜨기 2코뜨기

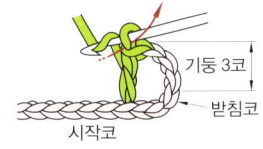  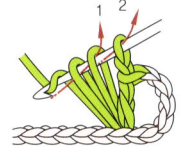 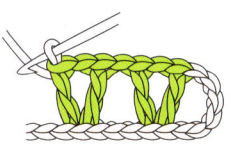

❶ 사슬 3코로 기둥을 세우고, 받침코에서부터 2번째 코 뒷고리에 1길 긴뜨기를 1코 뜬다.
❷ 사슬을 1코 뜨고 1길 긴뜨기를 뜬 같은 위치에 바늘을 집어 넣는다.
❸ 고리를 빼내고 실을 걸어 2개씩 빼내면 완성된다.
❹ 사슬 2코 간격으로 1코에 1코 간격 1길 긴뜨기 2코뜨기 2개가 와성되었다

25 1코에 3코 간격 1길 긴뜨기 2코뜨기

 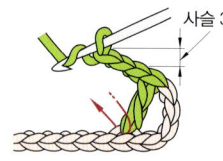 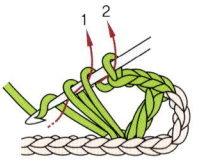 

❶ 사슬 3코로 기둥을 세우고, 받침코에서부터 3번째 코에 1길 긴뜨기를 1코 뜬다.
❷ 사슬 3코를 뜨고, 1길 긴뜨기와 같은 위치에 화살표와 같이 바늘을 넣는다.
❸ 고리를 빼내어 실을 걸어서 2개씩 빼낸다.
❹ 사이에 사슬 3코를 넣은 1길 긴뜨기 2코가 완성되었다.

26 1코에 1길 긴뜨기 4코뜨기

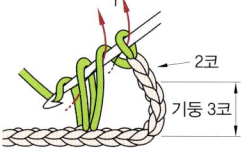 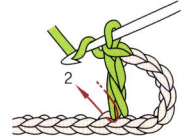 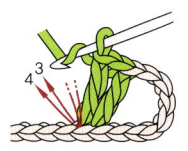 

❶ 사슬 3코로 기둥을 세우고, 받침코에서 4번째 코에 바늘을 넣어서 1길 긴뜨기를 뜬다.
❷ 실을 감아서 1길 긴뜨기와 같은 코에 바늘을 넣어 1코 더 뜬다.
❸ 실을 감아서 같은 위치에 바늘을 넣어 2코 더 뜬다.
❹ 1코에 1길 긴뜨기를 4코 떠 넣으면 완성된다.

27 구멍에 1길 긴뜨기 5코뜨기

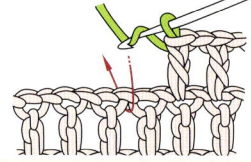 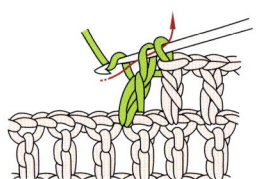 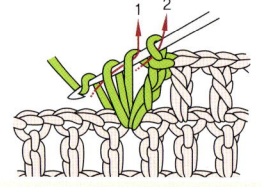 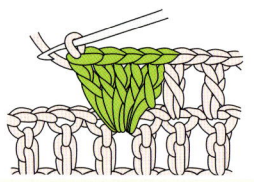

❶ 바늘에 실을 걸어서 화살표와 같이 전단의 구멍에 집어넣는다.
❷ 바늘에 실을 걸어서 빼내고, 고리 2개씩 빼내어 1길 긴뜨기를 1코 뜬다.
❸ 전단의 같은 위치에 바늘을 넣어 1길 긴뜨기를 1코 더 뜬다.
❹ 1길 긴뜨기 5코를 구멍에 넣어 뜨면 완성된다.

28 1코에 1길 긴뜨기 5코 부채모양 뜨기

 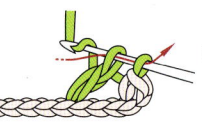 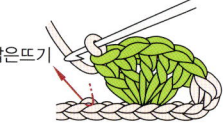 

❶ 짧은뜨기를 1코 뜨고, 바늘에 실을 감아서 3번째 코에 넣는다.
❷ 실을 빼내서 고리 2개씩 빼내어 1길 긴뜨기를 뜬다.
❸ 같은 코에 4코 더 뜨고, 3번째 코에 짧은뜨기를 뜬다.
❹ 1길 긴뜨기를 5코 떠 넣은 부채모양 뜨기 2개가 완성되었다.

29	**구멍에 1길 긴뜨기 5코 부채모양 뜨기**	

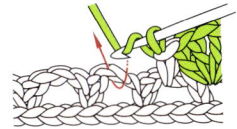 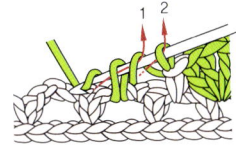 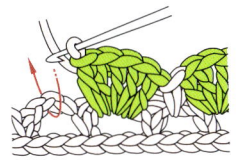 

 짧은뜨기를 1코 뜨고, 바늘에 실을 감아서 전단 고리에 넣는다.　❷ 실을 빼내서 화살표와 같이 2개씩 빼내어 1길 긴뜨기를 뜬다.　❸ 같은 위치에 바늘을 넣은 후 4코 뜨고, 다시 화살표 위치에 넣는다.　❹ 짧은뜨기를 하고 1길 긴뜨기 5코를 구멍에 넣어 뜨면 부채모양 뜨기가 완성된다.

30	**1코에 1길 긴뜨기 1코 간격 4코뜨기(셸뜨기)**	

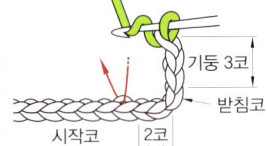 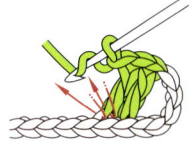 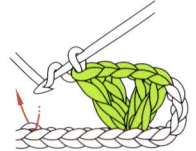

 사슬뜨기 3코로 기둥을 세우고, 바늘에 실을 감아서 받침코에서 3번째 코에 넣는다.　❷ 같은 코에 1길 긴뜨기를 2코 뜬다. 사슬뜨기를 1코 뜨고, 같은 위치에 바늘을 넣는다.　❸ 다시 1길 긴뜨기를 2코 뜨고, 사이에 사슬뜨기 1코를 넣어 뜨면 셸뜨기가 완성된다.

31	**구멍에 1길 긴뜨기 2코 간격 6코뜨기(셸뜨기)**	

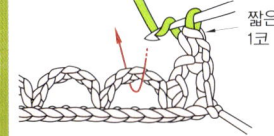 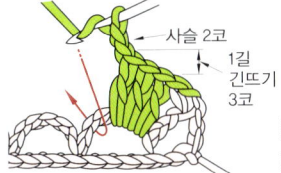 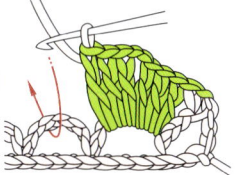 

 우선 짧은뜨기를 1코 뜨고, 전단의 고리에 바늘을 넣는다.　❷ 같은 위치에 바늘을 넣어서 1길 긴뜨기를 3코 뜨고, 다음에 사슬뜨기를 2코 뜬다.　❸ 같은 위치에 다시 1길 긴뜨기를 3코 뜨고, 다음 고리에 바늘을 넣는다.　❹ 짧은뜨기 1코를 뜨고, 1길 긴뜨기(2코 간격) 6코를 구멍에 넣어 뜨면 셸뜨기가 완성된다.

32	**1길 긴뜨기 겉으로 걸어뜨기**	

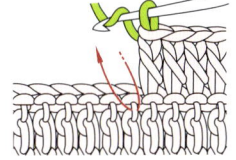 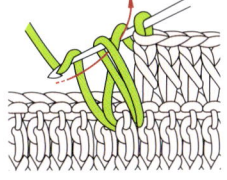 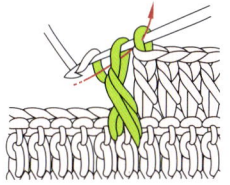 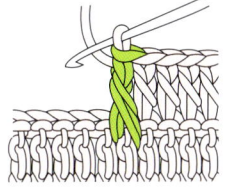

 화살표와 같이 전단 코의 아래에 바깥쪽부터 바늘을 넣는다.　❷ 바늘에 실을 걸어서 길게 빼내어 고리 2개만 빼낸다.　❸ 화살표와 같이 남은 고리 2개를 빼내서 1길 긴뜨기를 뜬다.　❹ 1길 긴뜨기 겉으로 코 빼뜨기가 완성되었다.

33. 1길 긴뜨기 안쪽으로 걸어뜨기

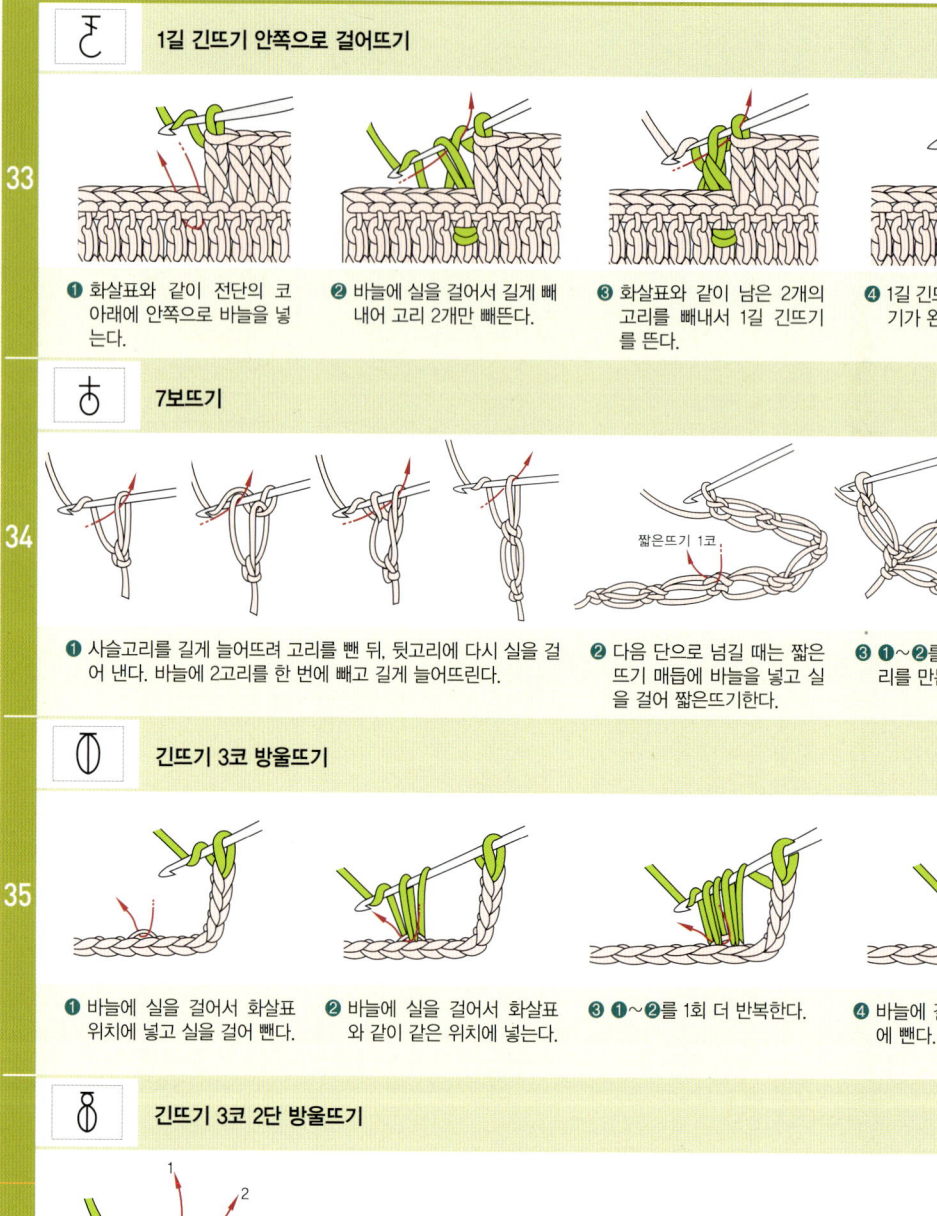

❶ 화살표와 같이 전단의 코 아래에 안쪽으로 바늘을 넣는다.

❷ 바늘에 실을 걸어서 길게 빼내어 고리 2개만 빼뜬다.

❸ 화살표와 같이 남은 2개의 고리를 빼내서 1길 긴뜨기를 뜬다.

❹ 1길 긴뜨기 안쪽으로 걸어뜨기가 완성되었다.

34. 7보뜨기

❶ 사슬고리를 길게 늘어뜨려 고리를 뺀 뒤, 뒷고리에 다시 실을 걸어 낸다. 바늘에 2고리를 한 번에 빼고 길게 늘어뜨린다.

❷ 다음 단으로 넘길 때는 짧은뜨기 매듭에 바늘을 넣고 실을 걸어 짧은뜨기한다.

❸ ❶~❷를 반복해 동그란 고리를 만든다.

35. 긴뜨기 3코 방울뜨기

❶ 바늘에 실을 걸어서 화살표 위치에 넣고 실을 걸어 뺀다.

❷ 바늘에 실을 걸어서 화살표와 같이 같은 위치에 넣는다.

❸ ❶~❷를 1회 더 반복한다.

❹ 바늘에 걸린 7고리를 한꺼번에 뺀다.

36. 긴뜨기 3코 2단 방울뜨기

전단 구멍에 긴뜨기 3개를 걸어 준 뒤 1차로 7고리만 빼고, 2차로 나머지 2고리를 뺀다.

코바늘 뜨기의 실제

사슬뜨기로 둥근코 만들기

❶ 그림과 같이 시작코를 만든다.
❷ 바늘에 실을 감아 사슬뜨기를 한다.
❸ ❶~❷를 반복해서 원하는 수 만큼 사슬코를 만든다.
❹ 첫번째 코의 사슬 반코에 바늘을 넣는다.
❺ ❹에 실을 걸어 빼낸다.

실로 둥근코 만들기

  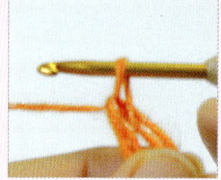  

❶ 왼쪽 집게 손가락에 실을 2번 감는다.
❷ 감은 고리모양 그대로 손가락에서 뺀다.
❸ 둥근 가운데 바늘을 넣어서 실을 걸어 빼낸다.
❹ 한 번 더 실을 빼내 코를 죈다.
❺ 처음 만든 것은 1코로 치지 않는다.

짧은뜨기로 원형 모티브 시작하기

❶ 실 끝을 감아 기둥코 1코를 만들고 가운데 구멍에 바늘을 넣어 실을 걸어 낸다.
❷ 바늘에 실을 걸어 2고리를 한 번에 뺀 뒤 짧은뜨기한다.
❸ ❶~❷를 반복하여 필요한 코수 만큼 짧은뜨기를 한다.
❹ 원형이 될 수 있도록 실을 잡아당겨 죈다.
❺ 단의 끝을 짧은뜨기의 머리에 넣어 빼뜨기로 뜬 다음 사슬 1코로 기둥을 뜬다.

빼뜨기를 뜨면서 모티브 잇는 방법

❶ 마지막 단이 사슬 5코의 네트뜨기일 경우 중심의 3코째에서 화살표 방향으로 잇는다.
❷ 사슬 3코뜨기 옆의 모티브 고리에 바늘을 넣어서 3번째 코를 빼뜨기로 뜬다.
❸ 나머지 사슬 2코를 뜨고 짧은 뜨기를 하여 네트 1개를 만들고 같은 방법으로 잇는다.
❹ 모티브 네트 2개를 이어 놓은 것이다.

짧은뜨기를 뜨면서 모티브 잇는 방법

❶ 사슬을 2코 떠서 옆의 모티브 고리에 바늘을 넣고 실을 걸어서 뺀다.
❷ 한 번 더 실을 걸어서 빼내고 짧은뜨기를 한다.
❸ 옆의 모티브 네트에 짧은뜨기로 이은 후 나머지 사슬 2코를 뜬다.
❹ 짧은뜨기를 하여 네트를 완성한다.

긴뜨기를 뜨면서 모티브 잇는 방법

❶ 바늘을 옆의 모티브에 넣어서 실을 걸어 뺀다.
❷ 1길 긴뜨기의 머리에 바늘을 넣고, 실을 감아 아래 안고리에 넣어 실을 걸어서 뺀다.
❸ 바늘에 실을 걸어서 고리 2개씩 빼내서 1길 긴뜨기를 한다. 2코째도 같은 모양으로 뜬다.
❹ 이을 곳 마지막 1길 긴뜨기도 같은 모양으로 뜨고 다음부터 보통으로 뜬다.

반코 감아서 모티브 잇는 방법

돗바늘로 실을 꿰어 모티브를 서로 붙여 바깥쪽의 반코씩을 꿰맨다.

빼뜨기로 모티브 잇는 방법

❶ 2장을 바깥쪽이 안으로 가도록 겹쳐서 이을 곳의 시작점에 실을 건 후 바깥쪽으로 반코씩 건다.
❷ 실끝은 왼쪽에 두고 실끝 아래부터 뜬다.
❸ 빼뜨기로 이은 모양이다.

짧은뜨기로 모티브 잇는 방법

❶ 2장을 바깥쪽이 안으로 가도록 겹쳐서 이을 곳의 시작점에 실을 건 후 바깥쪽으로 반 코씩 건다.
❷ 바늘을 넣어 실을 걸어 뺀다.
❸ 2고리를 한꺼번에 빼서 짧은뜨기한다.
❹ 짧은뜨기로 이은 모양이다.

장미 문양 뜨기

뜨는 방법 및 활용법

- 사슬 154코(51칸+1코)를 시작코로 도안을 참고하여 무늬뜨기 한다.
- 기본 도안 윗부분을 접어 작은 봉을 끼워 벽걸이로 활용하거나 윗부분 사슬칸뜨기 부분을 줄여 쿠션이나 여러 장을 모티브로 활용해도 좋다.

완성치수 : 35cm×39cm

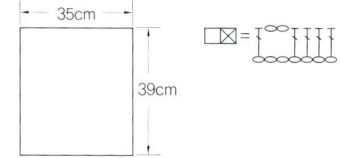

딸기 문양 뜨기

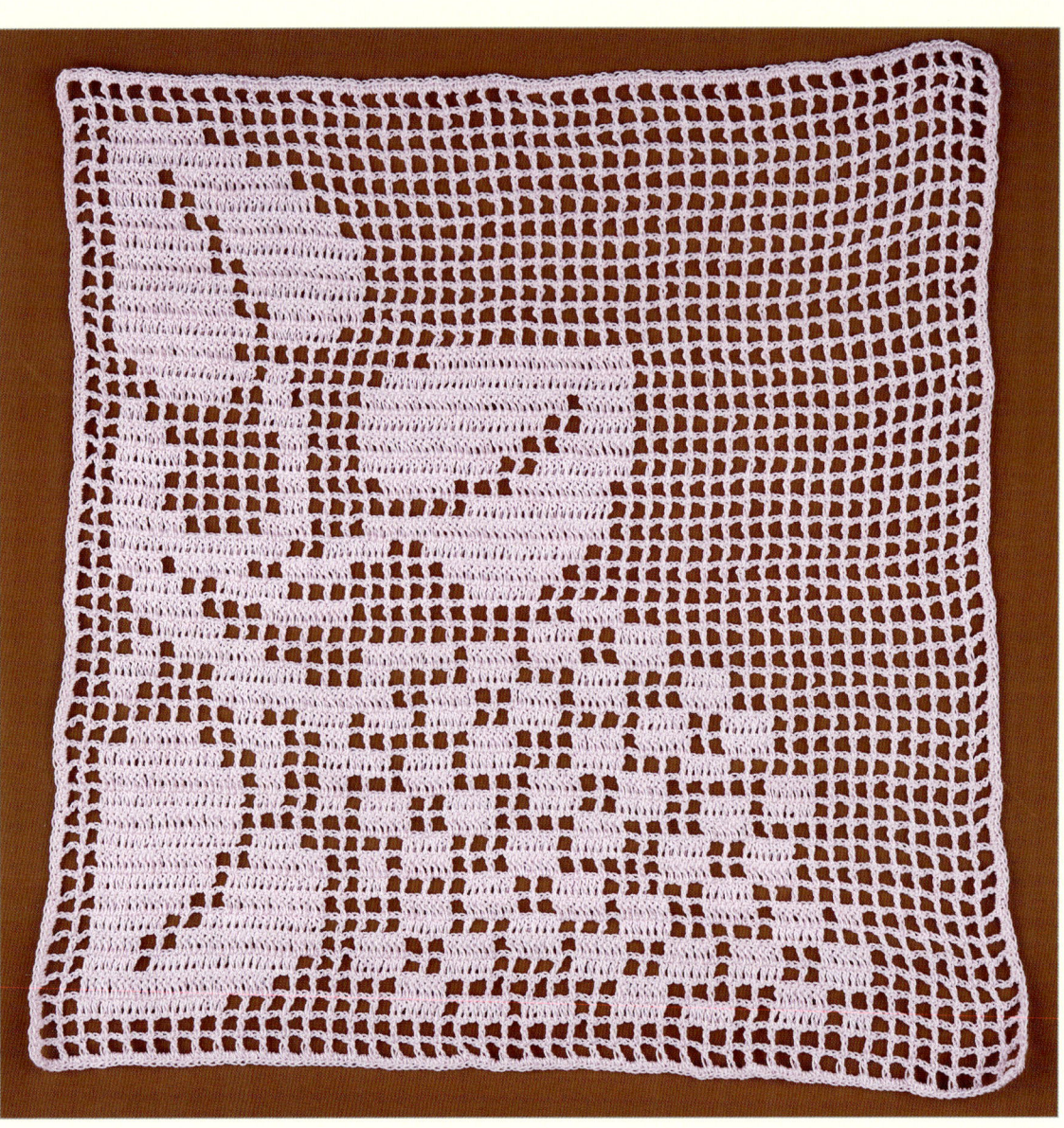

뜨는 방법 및 활용법

- 사슬 133코(44칸+1코)를 시작코로 도안을 참고하여 무늬뜨기 한다.
- 기본 도안으로 쿠션이나 table 장식 등에 활용하면 좋고, 여러 장을 떠서 모티브로 활용할 수 있다.

완성치수 : 30cm×32cm

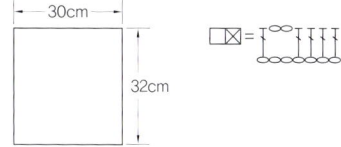

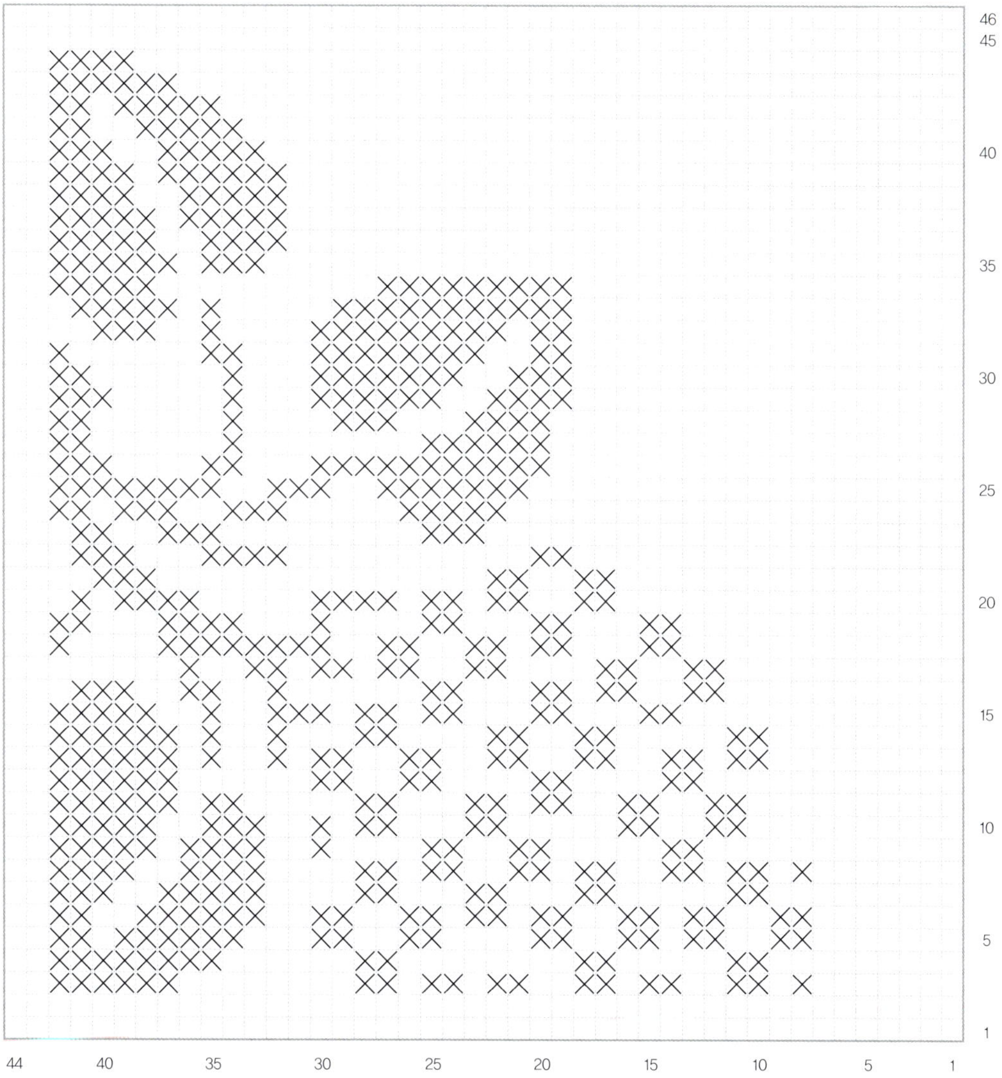

포도송이 무늬 뜨기

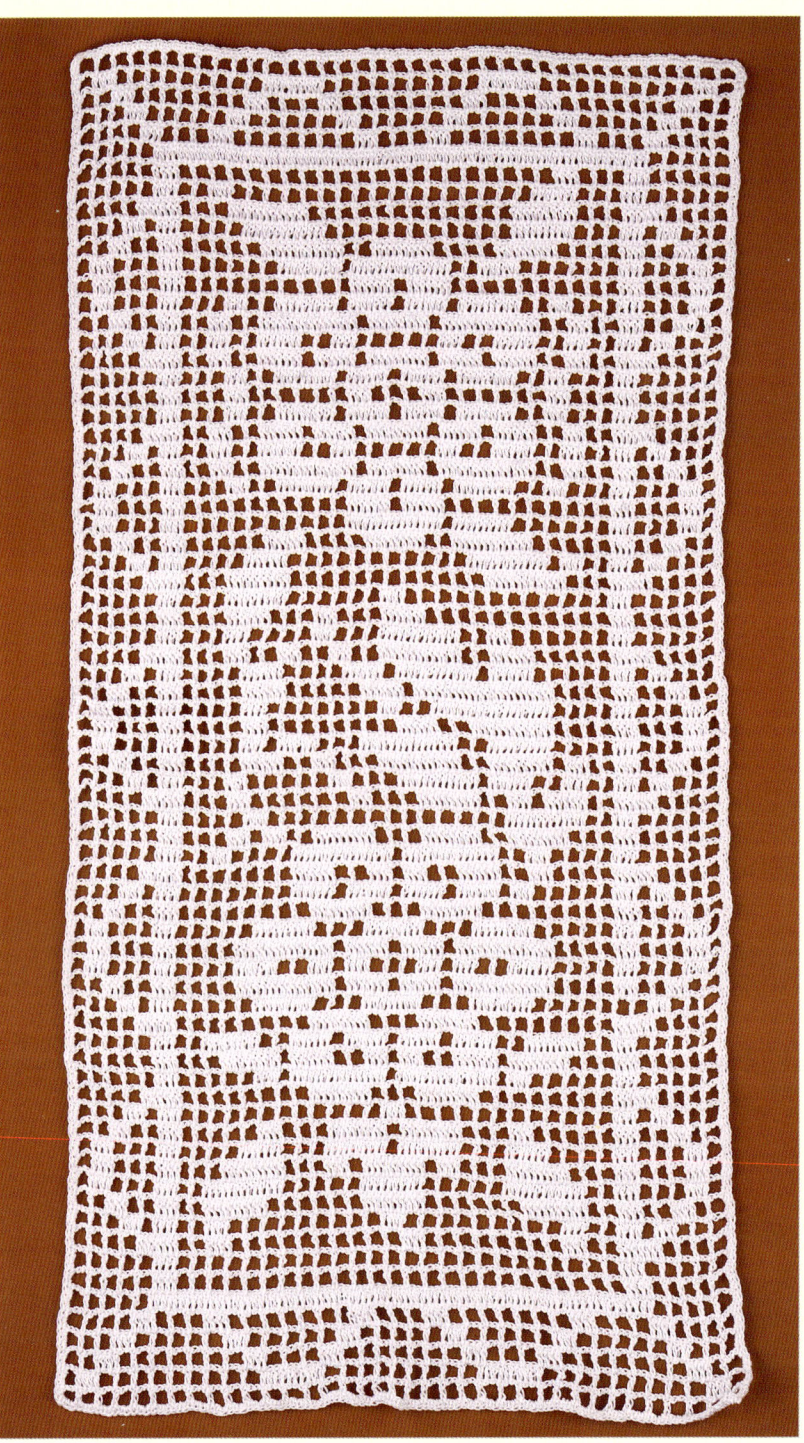

뜨는 방법 및 활용법

• 사슬 112코(37칸+1코)를 사각코로 도안을 참고하여 무늬뜨기 한다.
• 기본 도안을 table 장식으로 활용하거나 서너 장 떠서 부엌 입구에 가리개 커튼으로 활용하면 좋다.

 완성치수 : 25cm×50cm

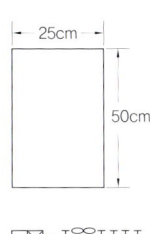

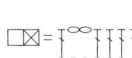

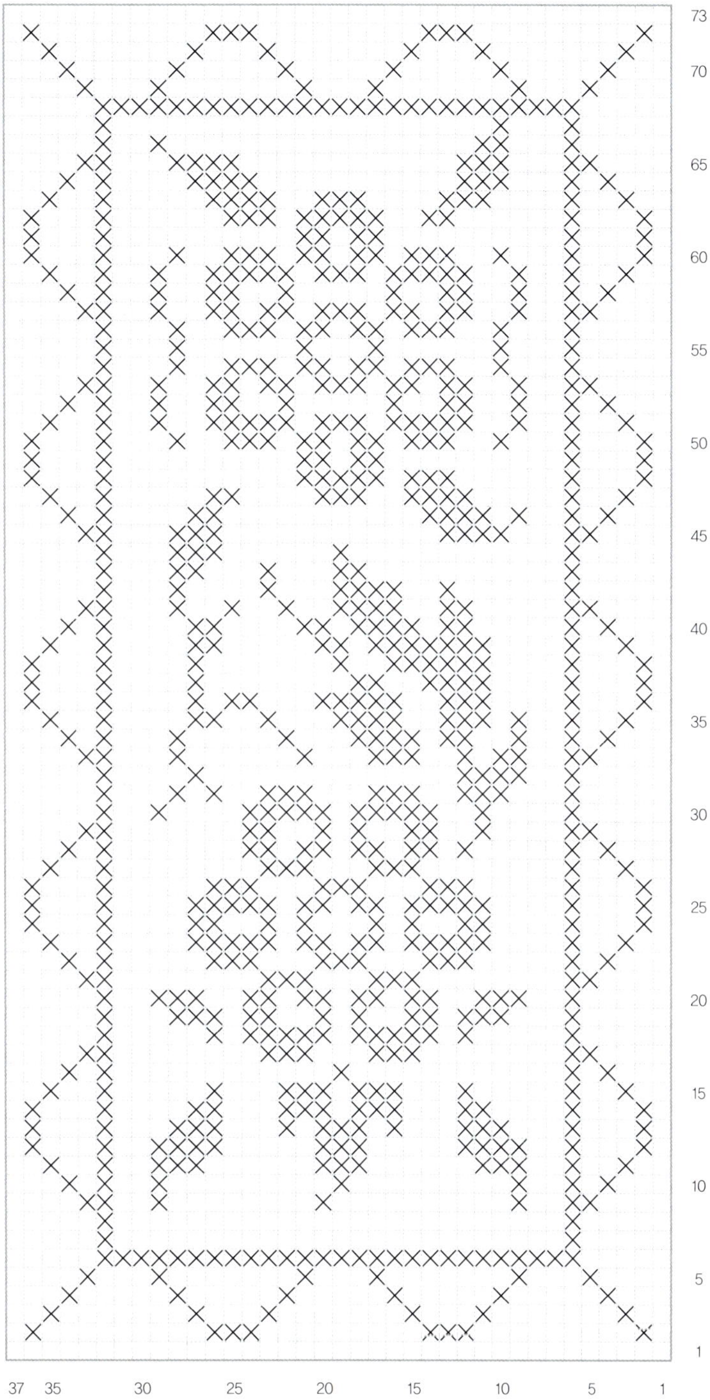

꽃 무늬 매트 뜨기

뜨는 방법 및 활용법

- 사슬 5코로 고리를 만들어 시작점으로 도안을 참고하여 무늬뜨기 한다.
- 쿠션이나 원 table 장식으로 활용하거나 사슬칸뜨기 단 수를 늘려 큰 table 덮개로 활용해도 좋다.

 완성치수 : Ø42cm

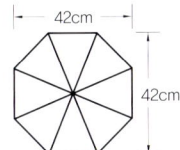

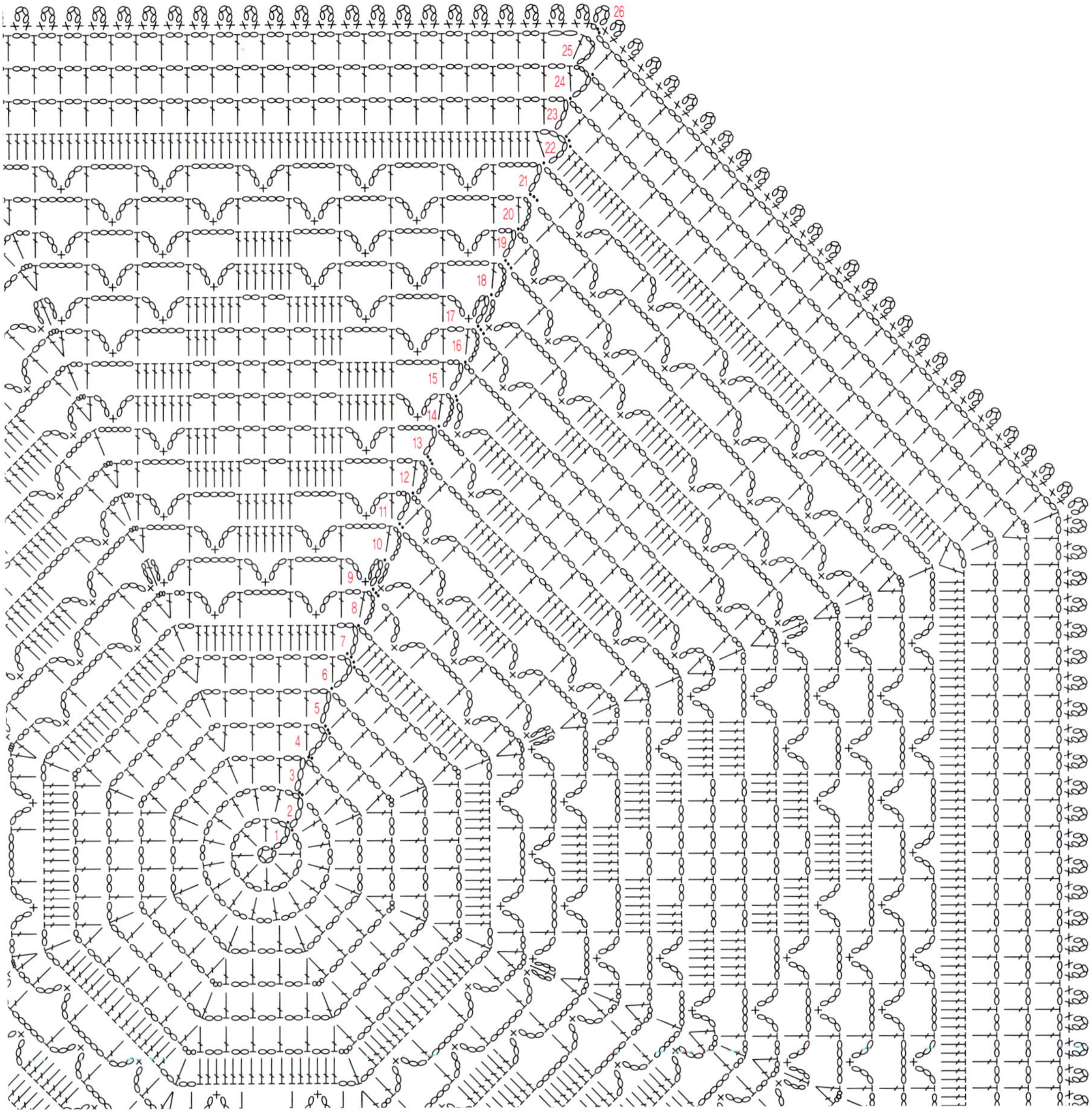

아라비안 고딕 무늬 뜨기

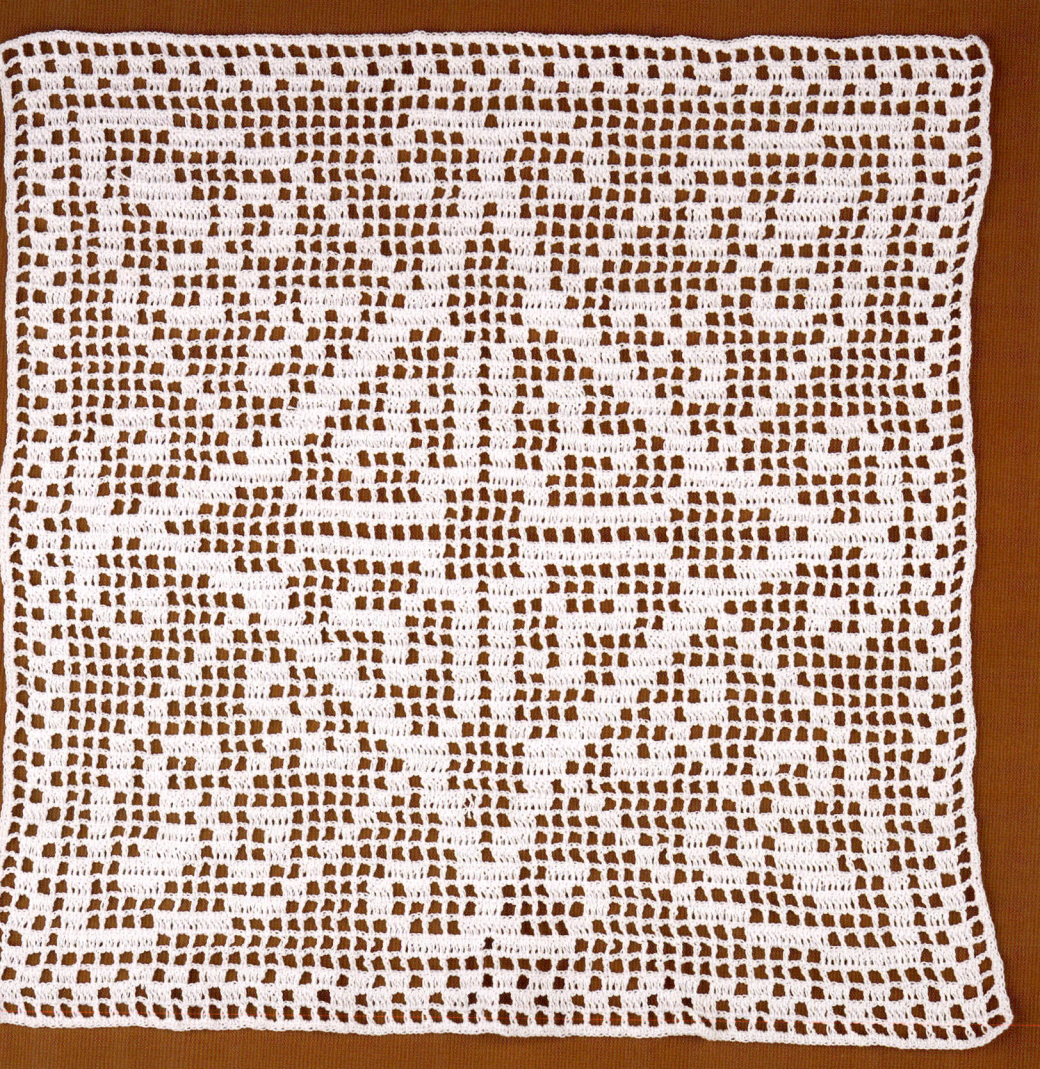

뜨는 방법 및 활용법

- 사슬 166코(55칸+1코)를 시작코로 도안을 참고하여 무늬뜨기 한다.
- 기본 도안으로 방석, 쿠션, 의자 커버에 활용하거나 여러 장 떠서 모티브로 이어 table보로 활용하면 좋다.

 완성치수 : 37cm × 37cm

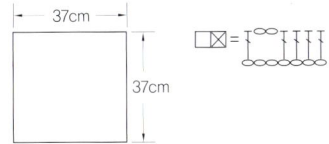

모란 꽃 무늬 뜨기

뜨는 방법 및 활용법

- 사슬 175코(58칸+1코)를 시작코로 도안을 참고하여 무늬뜨기 한다.
- 기본 도안을 방석이나 쿠션 등으로 활용하거나 여러 장 떠서 모티브로 활용해도 좋다.

 완성치수 : 39cm×38cm

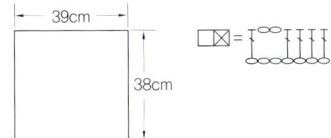

단풍잎 무늬 뜨기

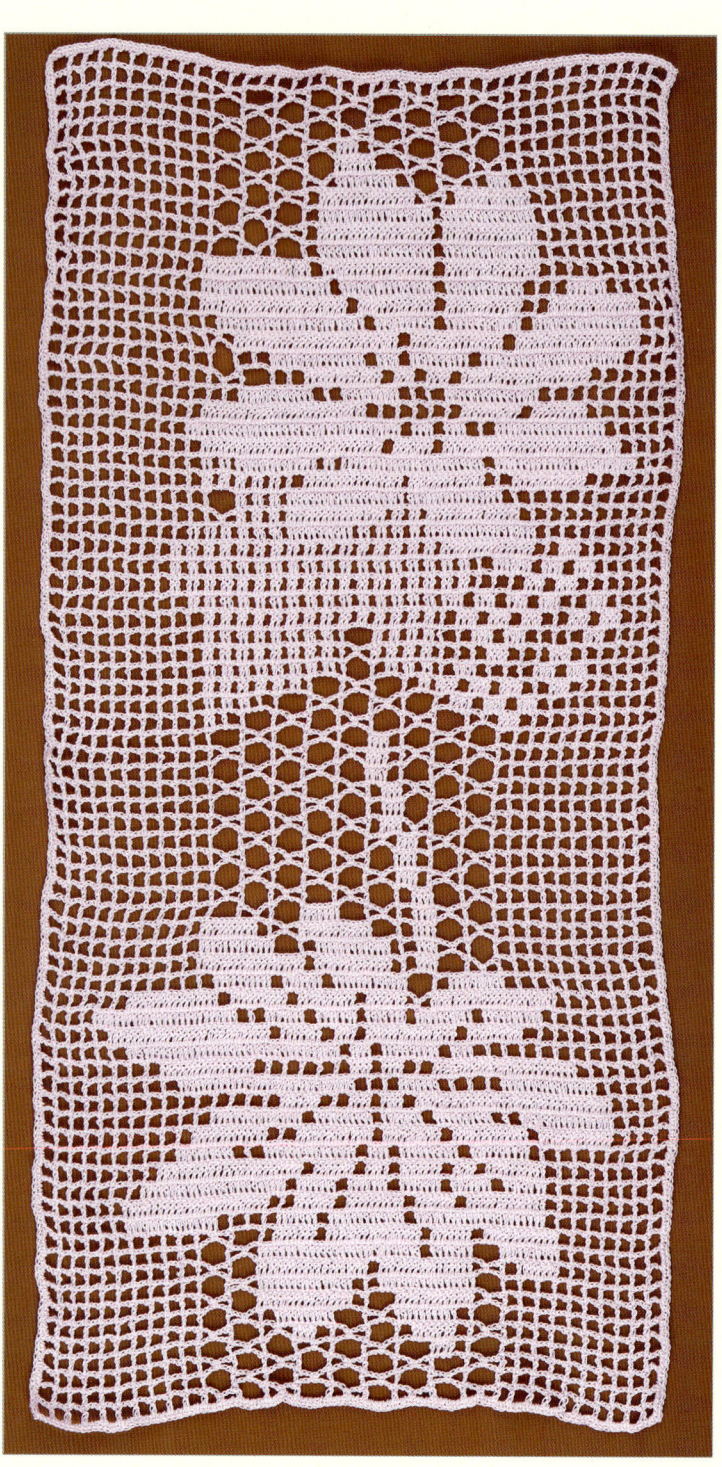

뜨는 방법 및 활용법

- 사슬 115코(38칸+1코)를 시작코로 도안을 참고하여 무늬뜨기 한다.
- 차 table 장식으로 활용하거나 서너 장을 봉에 끼워 부엌 가리개나 커튼 등으로 활용하면 좋다.

 완성치수 : 26cm × 54cm

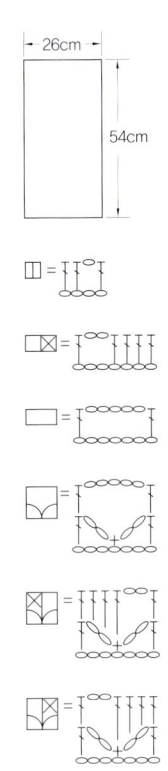

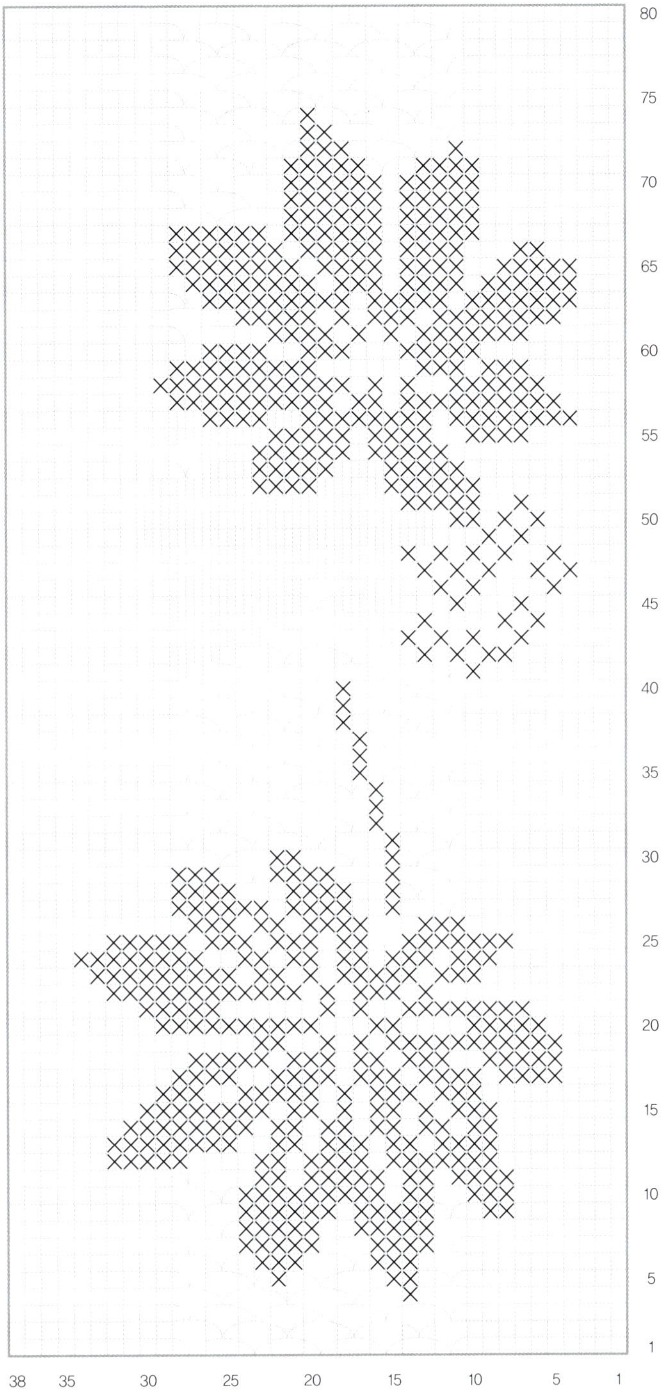

육각 꽃 무늬 매트 뜨기

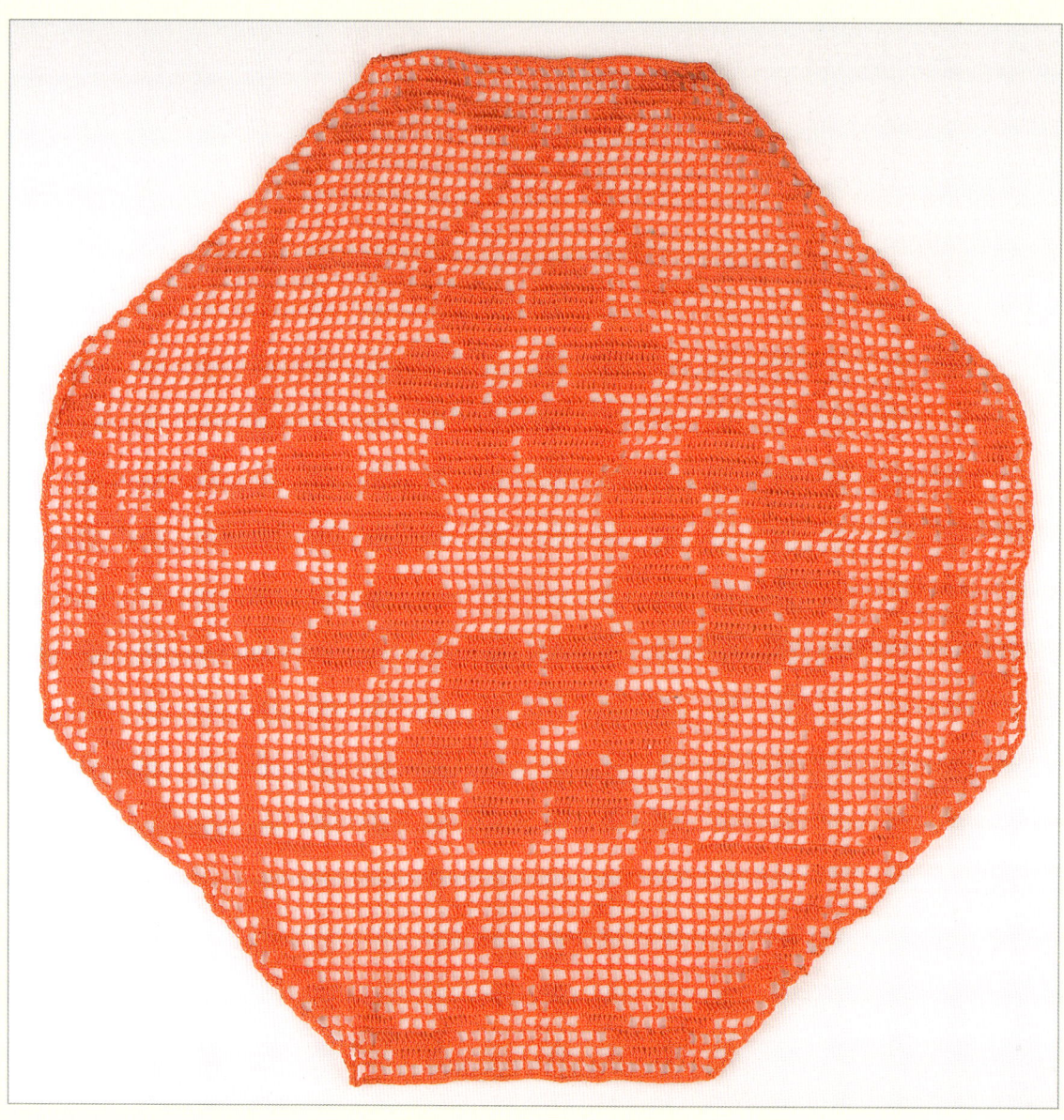

뜨는 방법 및 활용법

- 사슬 76코(25칸+1코)를 시작코로 24단까지 양옆 가장자리를 각각 1칸씩 늘리기하며 무늬뜨기 하는데 도안을 참고한다.
- 평 25단 뜬 뒤, 양옆 가장자리를 각각 1칸씩 줄이기 23단 하고 마친다.
- 기본 도안을 쿠션이나 원 table 중심에 장식으로 활용하면 좋다.

완성치수 : 56cm×56cm

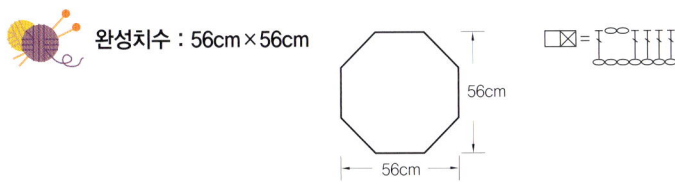

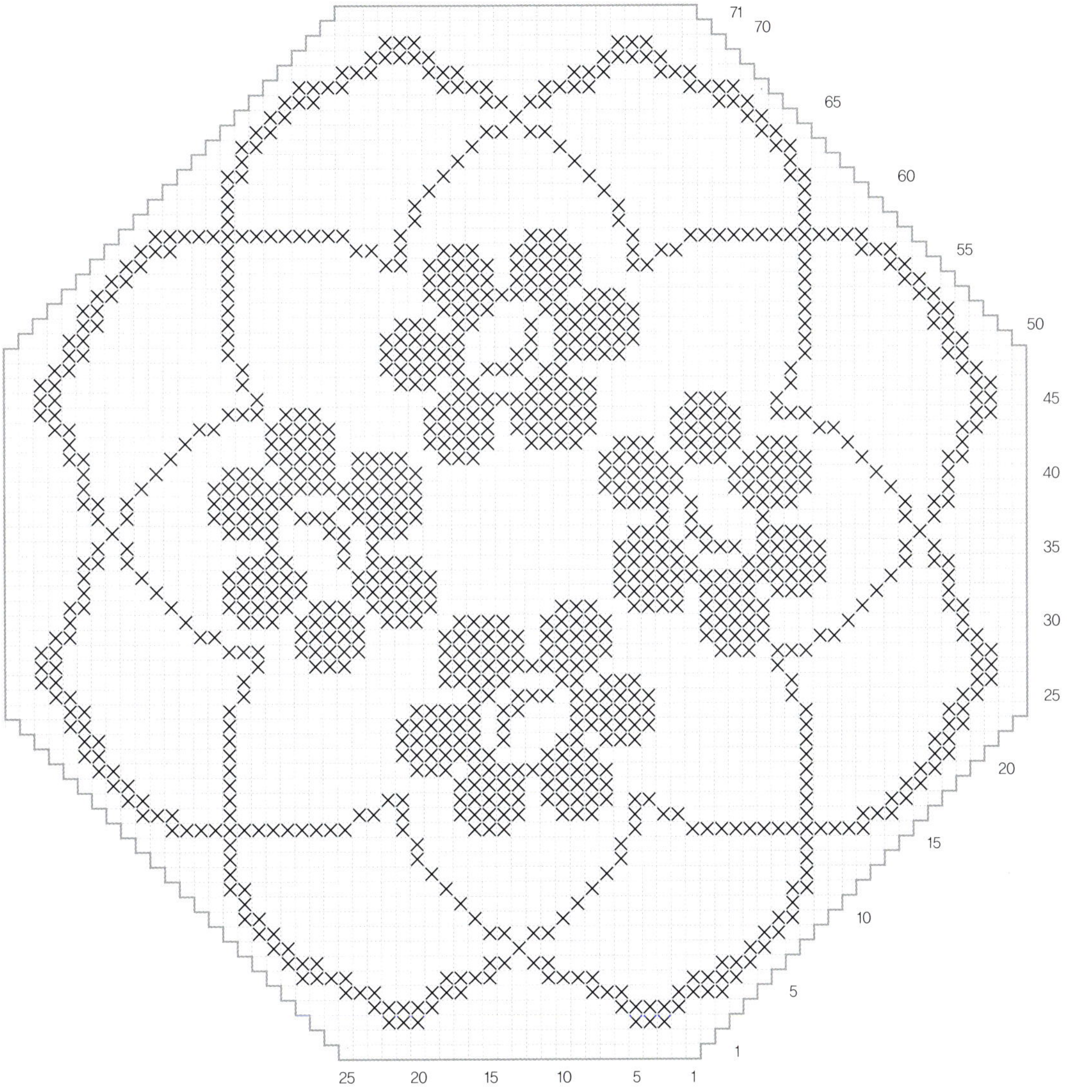

릴리 꽃 무늬 뜨기

뜨는 방법 및 활용법

- 사슬 187코(62칸+1코)를 시작코로 도안을 참고하여 무늬뜨기 한다.
- 기본 도안을 방석으로 활용하거나 칸뜨기 길이를 늘려 2장을 떠서 방문이나 창문 가리막으로 활용하면 좋다.

완성치수 : 42cm × 43cm

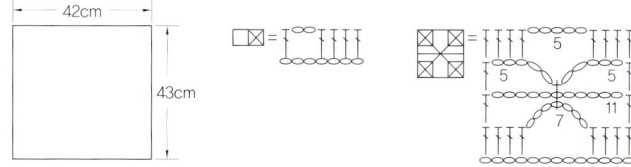

나팔 꽃 무늬 뜨기

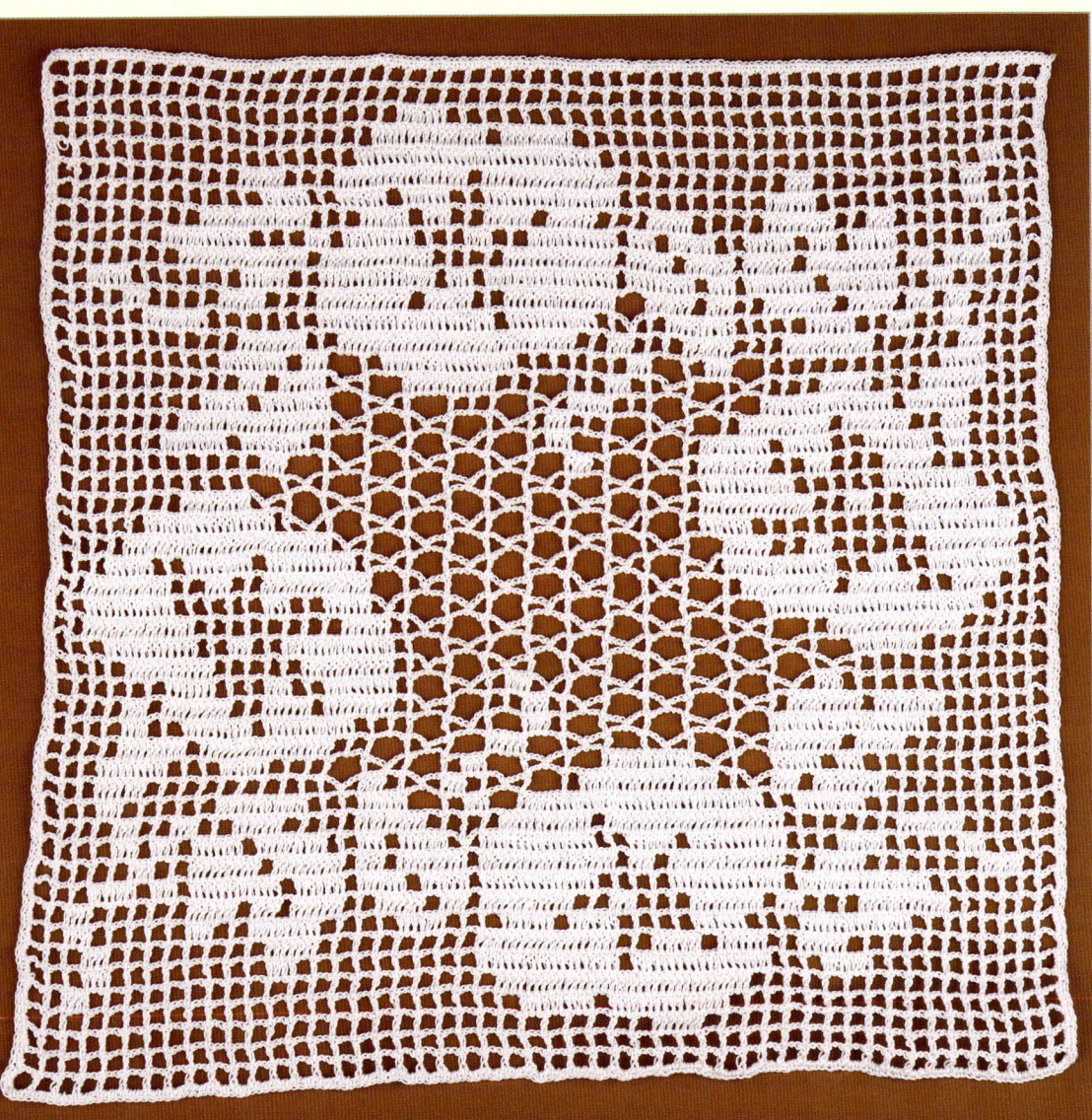

뜨는 방법 및 활용법

- 사슬 151코(50칸+1코)를 시작코로 도안을 참고하여 무늬뜨기 한다.
- 기본 도안 작업을 쿠션으로 활용하거나 여러 장을 떠서 모티브로 활용하면 좋다.

 완성치수 : 34cm×34cm

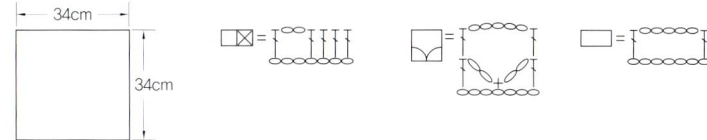

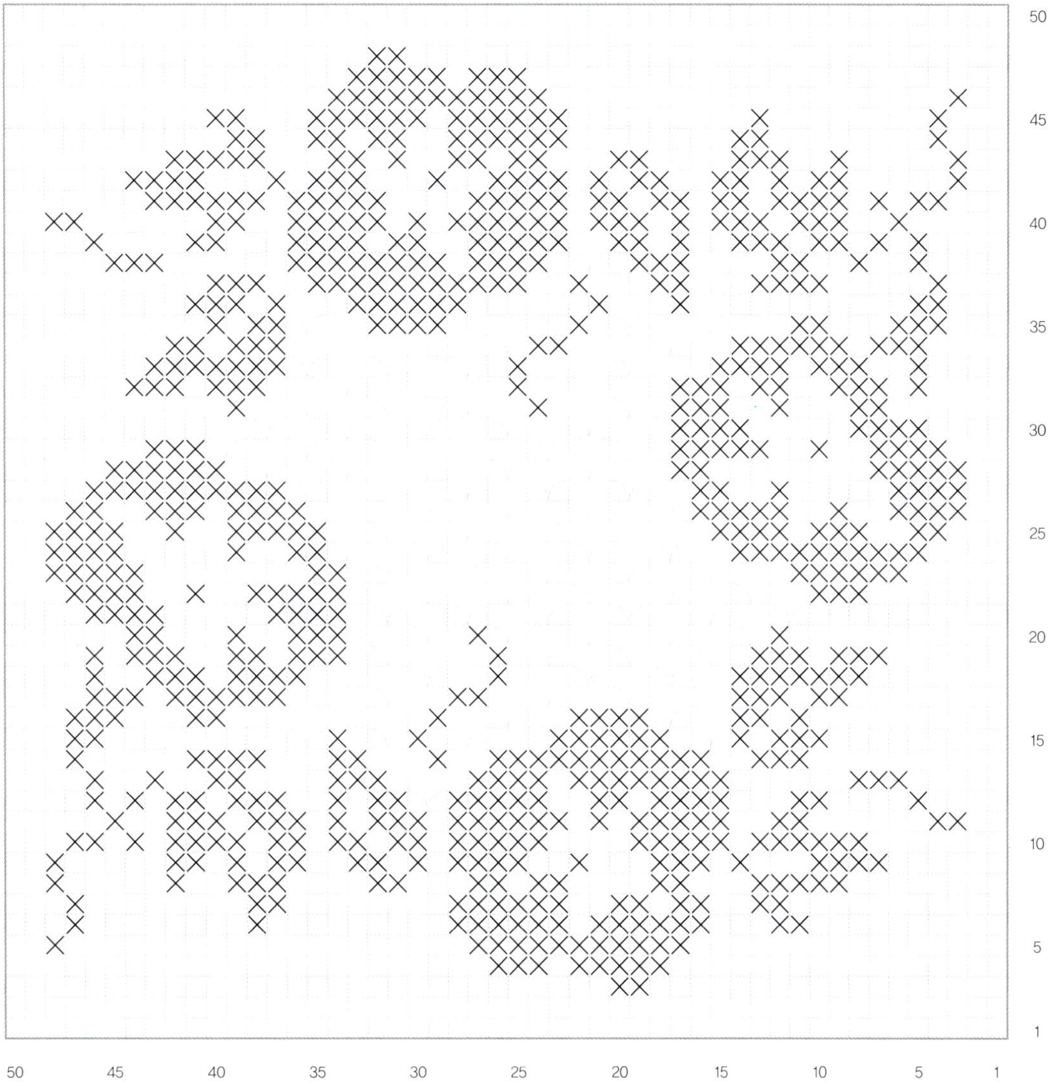

육각 하트 무늬 뜨기

뜨는 방법 및 활용법

- 사슬 5코로 고리를 만들어 시작점을 만든 후 도안을 참고하여 무늬뜨기 한다.
- 쿠션이나 방석으로 활용하거나 사슬칸뜨기 단 수를 늘려 table 덮개로 활용해도 좋다.

 완성치수 : Ø46cm

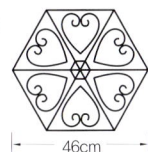

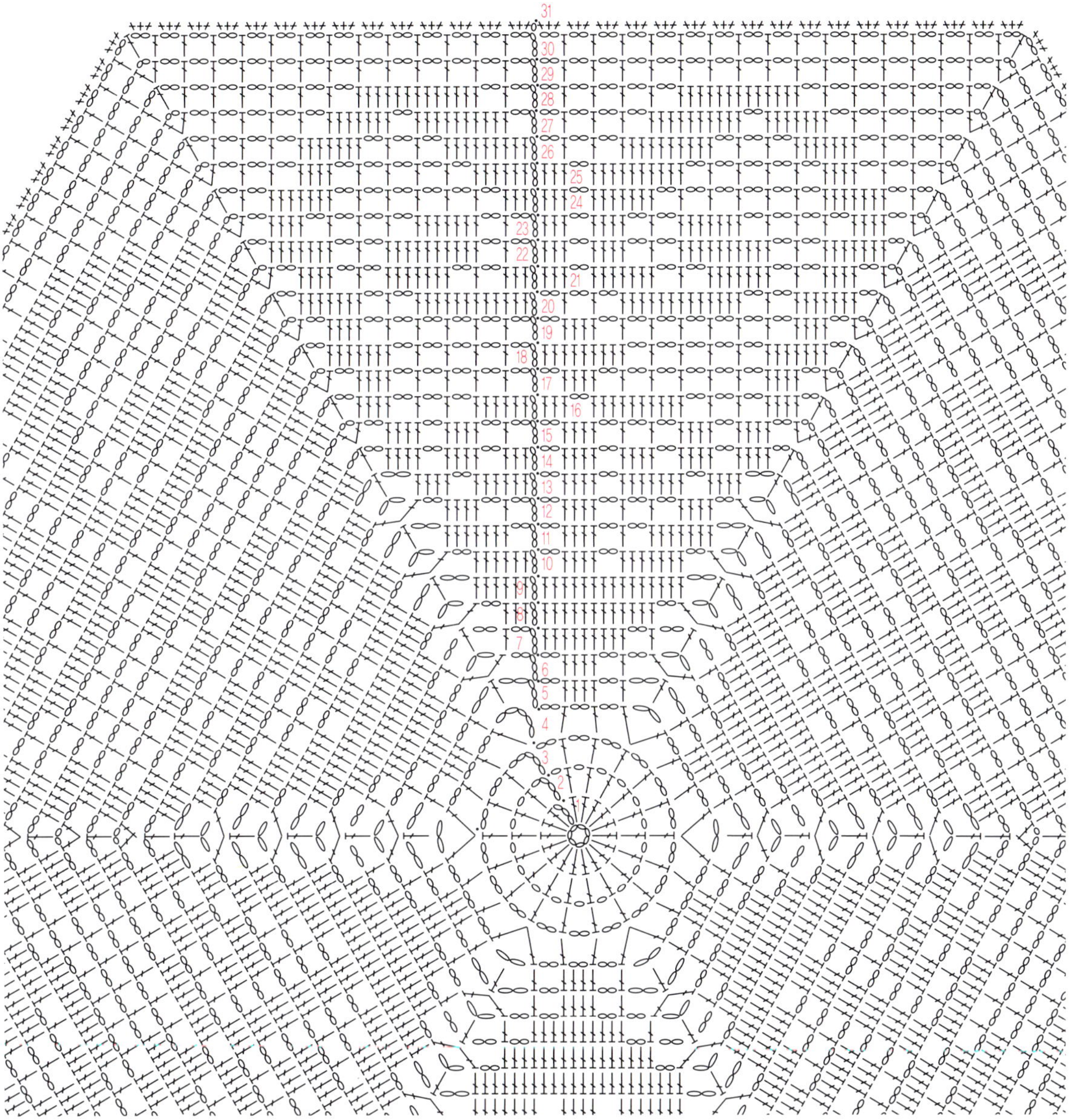

꼬인 무늬 뜨기

뜨는 방법 및 활용법

- 사슬 181코(60칸+1코)를 시작코로 도안을 참고하여 무늬뜨기 한다.
- 기본 도안을 방석이나 쿠션 등으로 활용하거나, 기본 도안을 길게 반복해서 뜨면 커튼이나 햇빛 가리개로 활용이 좋다.

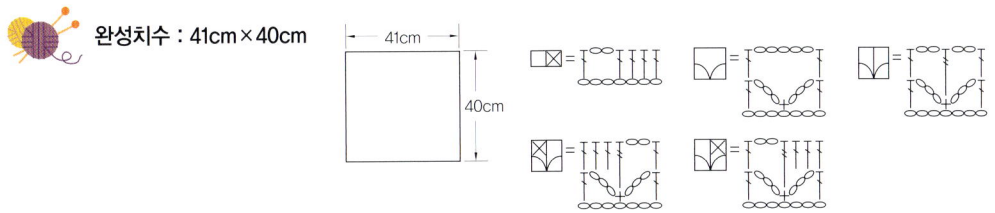

완성치수 : 41cm × 40cm

2단 마름모 무늬 뜨기

뜨는 방법 및 활용법

- 사슬 163코(54칸+1코)를 시작코로 도안을 참고하여 무늬뜨기 한다.
- 기본 도안에 가장자리만 마무리지어 장식 table보로 활용하거나, 가운데 사각 무늬 수를 늘려 보거나 여러 장을 떠 이어 모티브처럼 활용해도 좋다.

 완성치수 : 37cm × 47cm

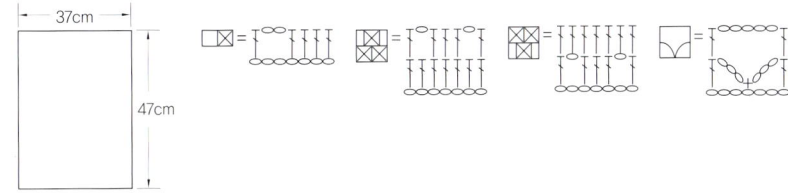

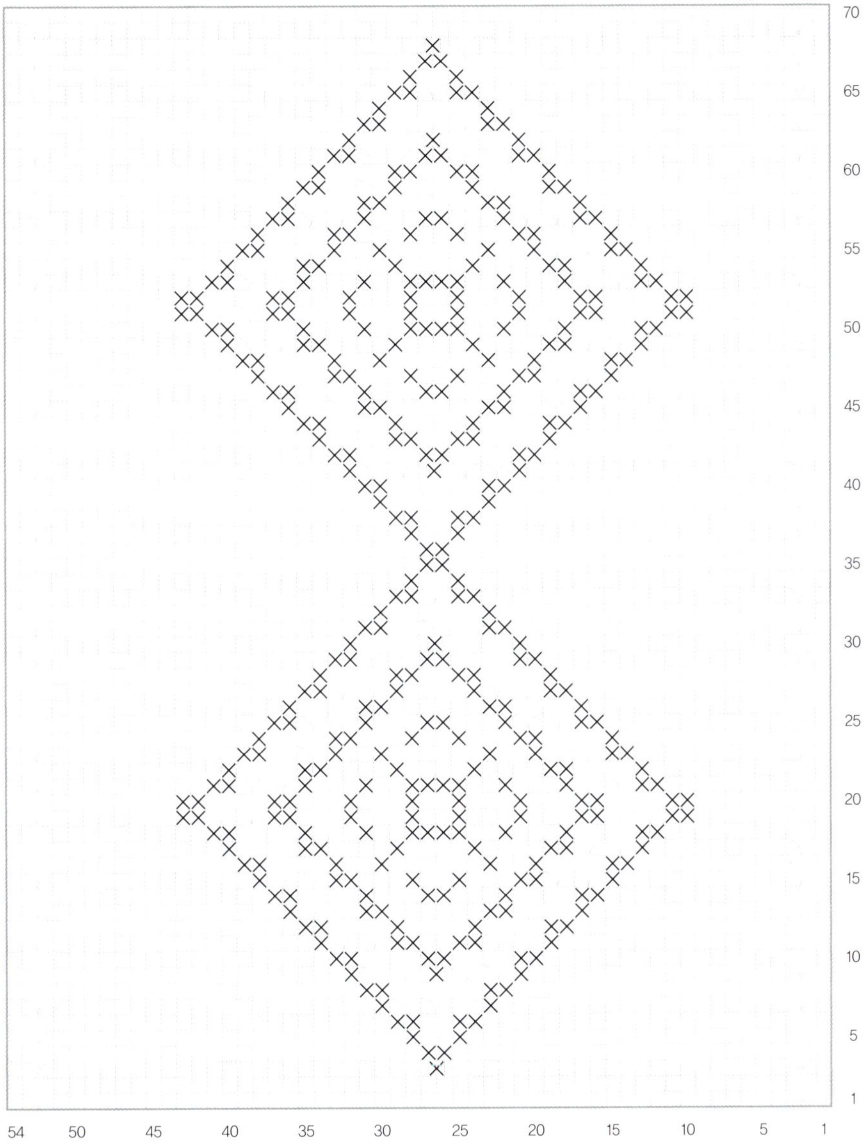

포도나무 아래 고양이 뜨기

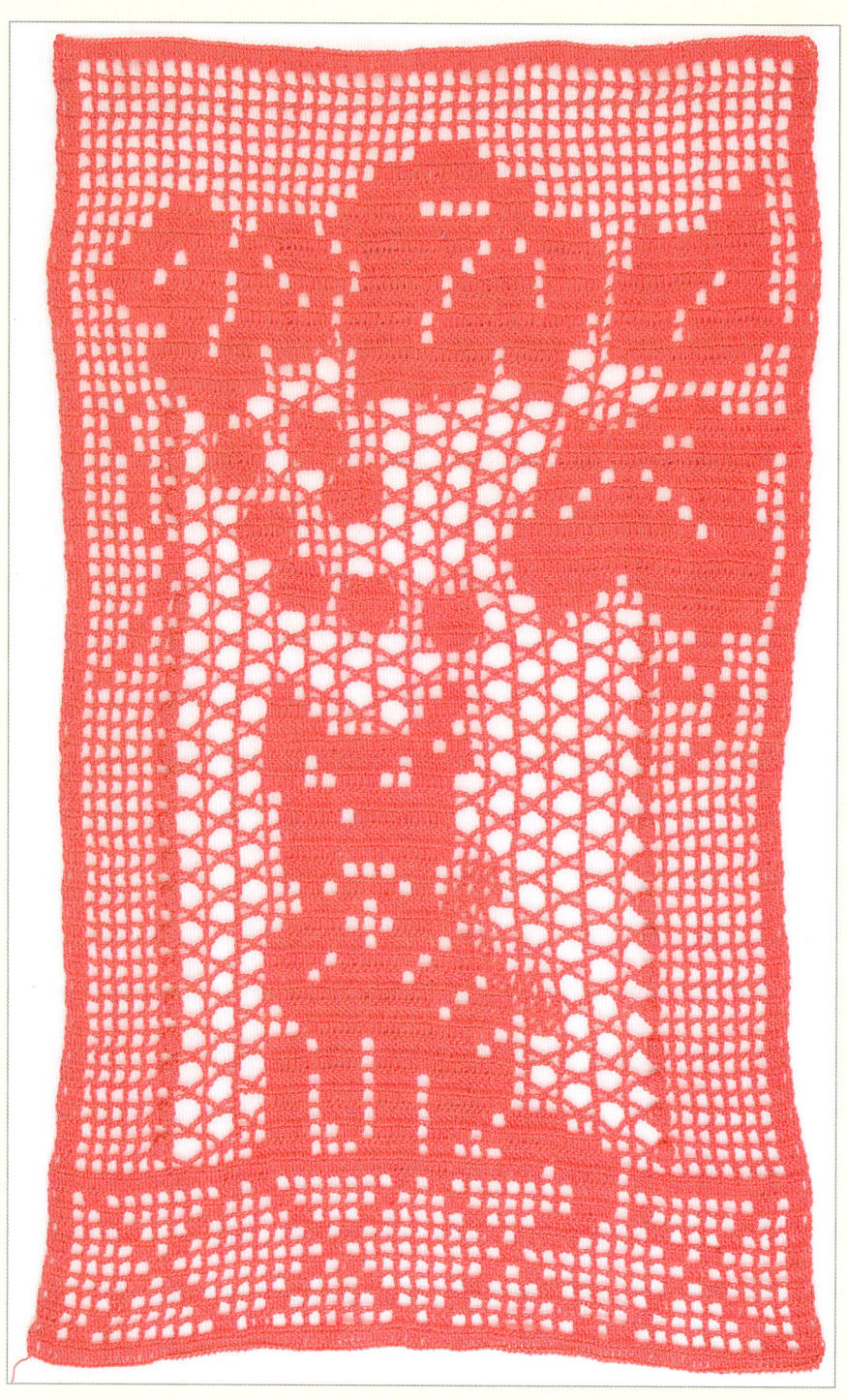

뜨는 방법 및 활용법

- 사슬 130코(43칸+1코)를 시작코로 도안을 참고하여 무늬뜨기 한다.
- 도안 자체에 가장자리 뜨기만 하여 table보 또는 장식 벽걸이로 활용하면 좋다.

 완성치수 : 29cm×59cm

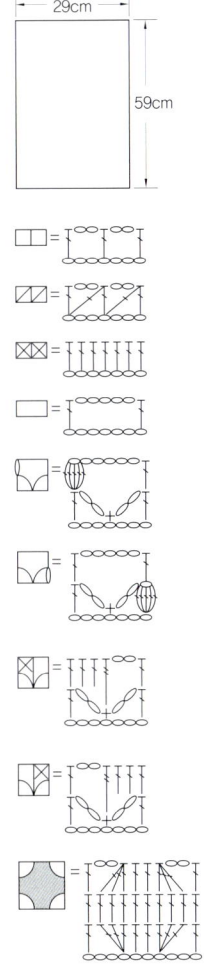

꽃 무늬 액자 뜨기

뜨는 방법 및 활용법

- 사슬 196코(65칸+1코)를 시작코로 도안을 참고하여 무늬뜨기 한다.
- 액자에 끼워 장식 벽걸이나 방석 및 쿠션으로 활용해도 좋고 모티브로 활용해도 좋다.

 완성치수 : 44cm×43cm

고딕 무늬 뜨기

뜨는 방법 및 활용법

- 사슬 190코(63칸+1코)를 시작코로 도안을 참고하여 무늬뜨기 한다.
- 기본 도안으로 방석이나 쿠션으로 활용하거나 모티브로 이어뜨기 해서 카펫이나 큰 table보로 활용하면 좋다.

 완성치수 : 43cm × 43cm

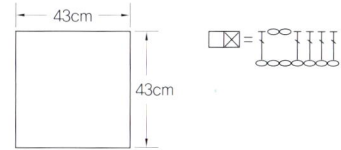

장미 세 송이 뜨기

뜨는 방법 및 활용법

- 사슬 169코(56칸+1코)를 시작코로 도안을 참고하여 무늬뜨기 한다.
- 방석으로 활용하거나 조각조각 떠서 모티브 잇기를 활용하여 카펫 등으로 쓸 수 있다.

완성치수 : 45cm × 47cm

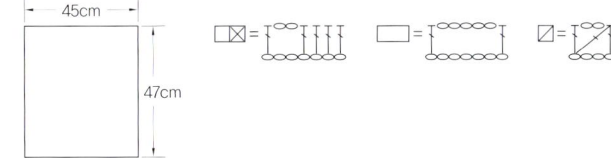

장미 꽃 액자 뜨기

뜨는 방법 및 활용법

- 사슬 181코(60칸+1코)를 시작코로 도안을 참고하여 무늬뜨기 한다.
- 쿠션이나 방석으로 활용하거나 무늬 여러 개를 떠서 카펫으로 활용하면 좋다.

 완성치수 : 45cm×45cm

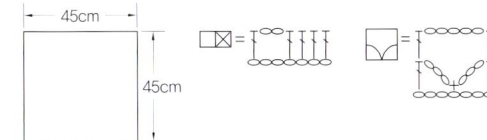

모란 꽃 무늬 뜨기

뜨는 방법 및 활용법

- 사슬 187코(62칸+1코)를 시작코로 도안을 참고해 무늬뜨기 한다.
- table 장식이나 쿠션 커버로 활용하면 좋다.

완성치수 : 47cm×38cm

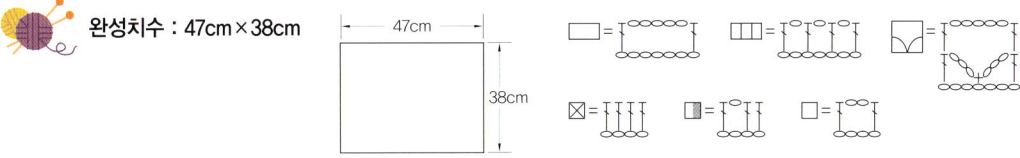

나뭇잎 무늬 매트 뜨기

뜨는 방법 및 활용법

- 사슬 85코(28칸+1코)를 시작코로 14단까지 양옆 가장자리를 칸늘림 해준다. 그리고 60단까지 평뜨기한다.
- 무늬는 도안을 참고하여 뜬다.
- 벽걸이 장식품이나 의자 커버로 활용하면 좋다.

 완성치수 : 44cm × 42cm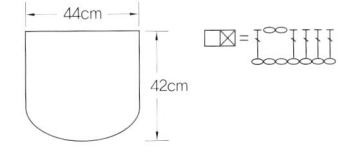

덩쿨 꽃 무늬 뜨기

뜨는 방법 및 활용법

- 사슬 193코(64칸+1코)를 시작코로 도안을 참고하여 무늬뜨기 한다.
- 의자 커버나 사슬칸뜨기 단 수를 늘려 떠서 커튼이나 가리개로 활용하면 좋다.

 완성치수 : 48cm×51cm

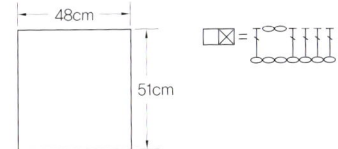

꽃 다발 무늬 뜨기

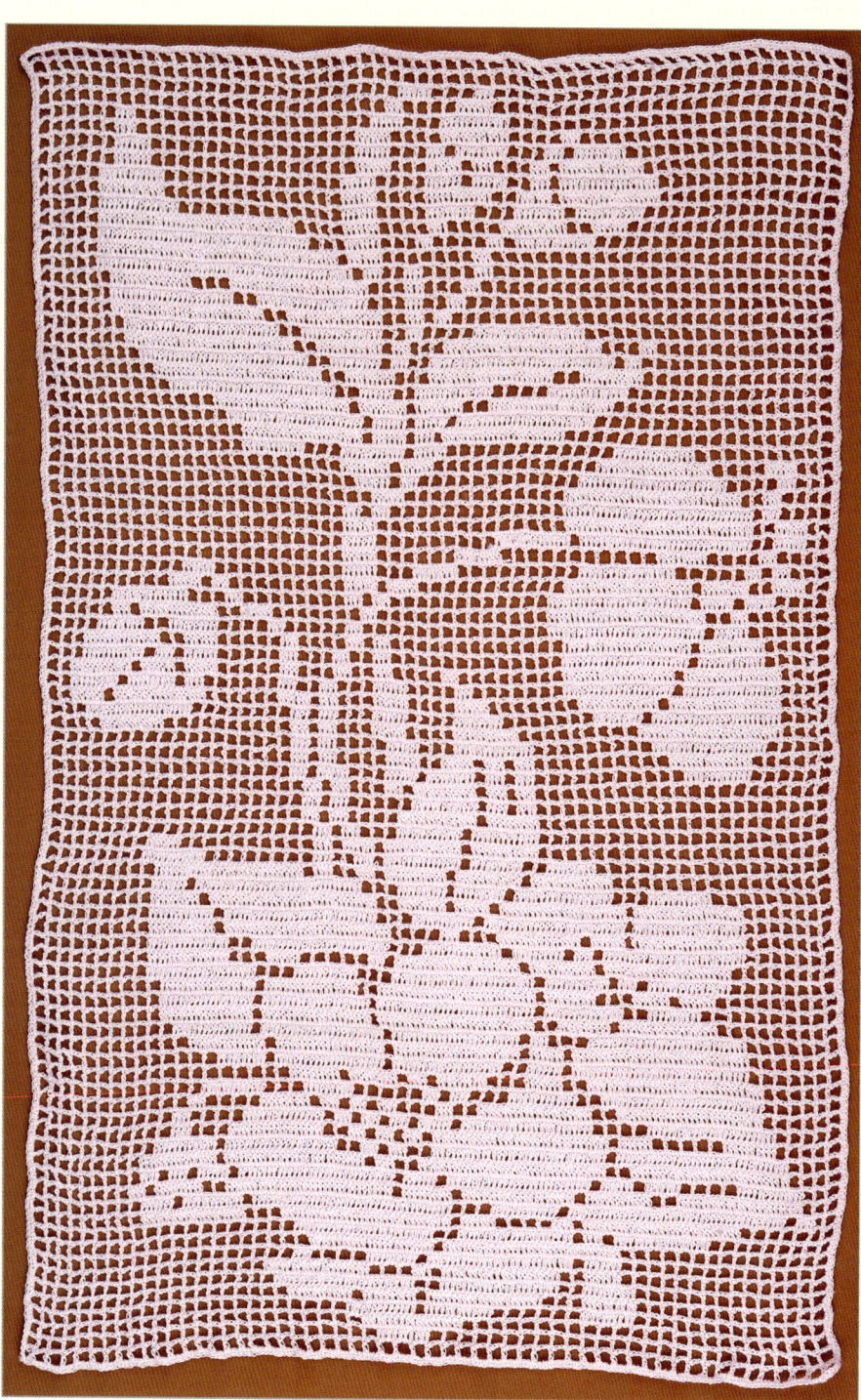

뜨는 방법 및 활용법

- 사슬 169코(56칸+1코)를 시작코로 도안을 참고하여 무늬뜨기 한다.
- 벽걸이 장식품이나 커튼 등으로 활용하면 좋다.

 완성치수 : 42cm×69cm

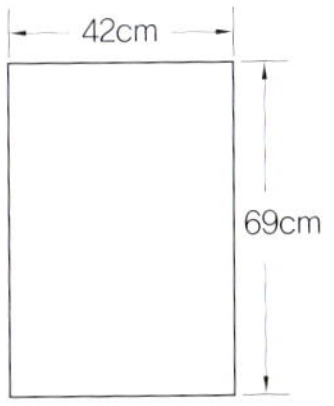

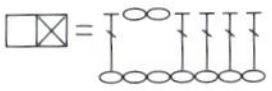

꽃 무늬 액자 뜨기

뜨는 방법 및 활용법

• 사슬 202코(67칸+1코)를 시작코로 도안을 참고하여 무늬뜨기 한다.
• table 덮개로 활용하거나 여러 장을 붙여 카펫이나 침대 커버로 활용해도 좋다.

완성치수 : 50cm×47cm

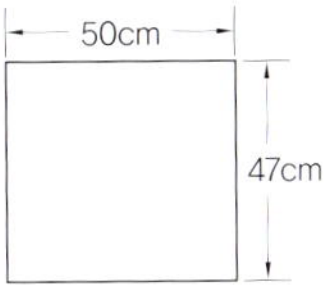

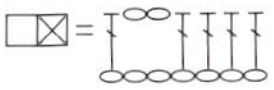

팔각 무늬 뜨기

뜨는 방법 및 활용법

- 사슬 101코(25칸+1코)를 시작코로 17단까지 양옆 가장자리를 각각 1칸씩 늘리기 해주고, 평 25단을 뜬 뒤 17단은 양옆 가장자리를 각각 1칸씩 줄이기 해준다.
- 무늬뜨기는 도안을 참고해서 뜬다.
- 기본 도안은 table 중심 장식으로 활용하거나 쿠션으로 활용하면 좋고 여러 장을 떠서 모티브로 활용해도 좋다.

 완성치수 : 53cm × 53cm

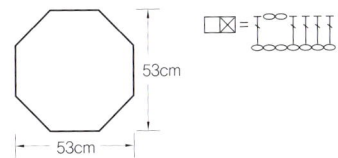

네 잎 클로버 무늬 액자 뜨기

뜨는 방법 및 활용법

- 사슬 202코(67칸+1코)를 시작코로 도안을 참고하여 무늬뜨기 한다.
- 방석으로 활용하거나 단 수나 코 수를 조금 바꿔서 의자 덮개를 만들어 활용할 수 있다.

완성치수 : 49cm × 49cm

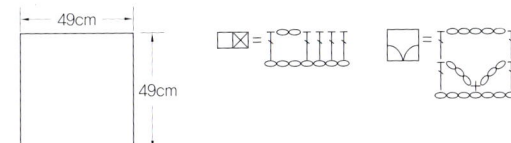

사랑의 하트 화살 액자 무늬 뜨기

뜨는 방법 및 활용법

- 사슬 184코(61칸+1코)를 시작코로 무늬뜨기하며 도안을 참고한다.
- 기본 방석이나 쿠션으로 활용하고, 모티브 뜨기를 하던 칸을 키워 무늬 수를 늘려 떠서 침대 커버나 소파 덮개로 활용하면 좋다.

 완성치수 : 41cm × 41cm

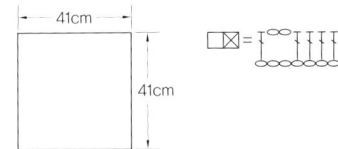

사방 장미 꽃 무늬 매트 뜨기

뜨는 방법 및 활용법

- 사슬 193코(64칸+1코)를 시작코로 도안을 참고하여 무늬뜨기 한다.
- 방석이나 쿠션 등으로 활용하거나 여러 장 떠서 모티브 활용할 수 있으며, 코 수를 늘려 모티브 느낌이 나게 깔개를 떠서 활용한다.

 완성치수 : 48cm×45cm

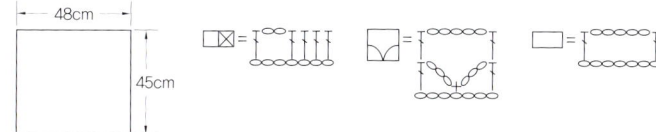

덩쿨 무늬 뜨기

뜨는 방법 및 활용법

- 가운데 고리를 만들어 시작점으로 하여 도안을 참고해 무늬뜨기 한다.
- 도안을 여러 장 떠서 모티브처럼 이어 카펫이나 침대보로 활용하거나, 가장자리 칸뜨기 무늬를 계속 늘려 떠서 사각 table보나 방석 등으로 활용 가능하다.

 완성치수 : 49cm × 49cm

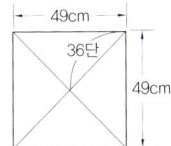

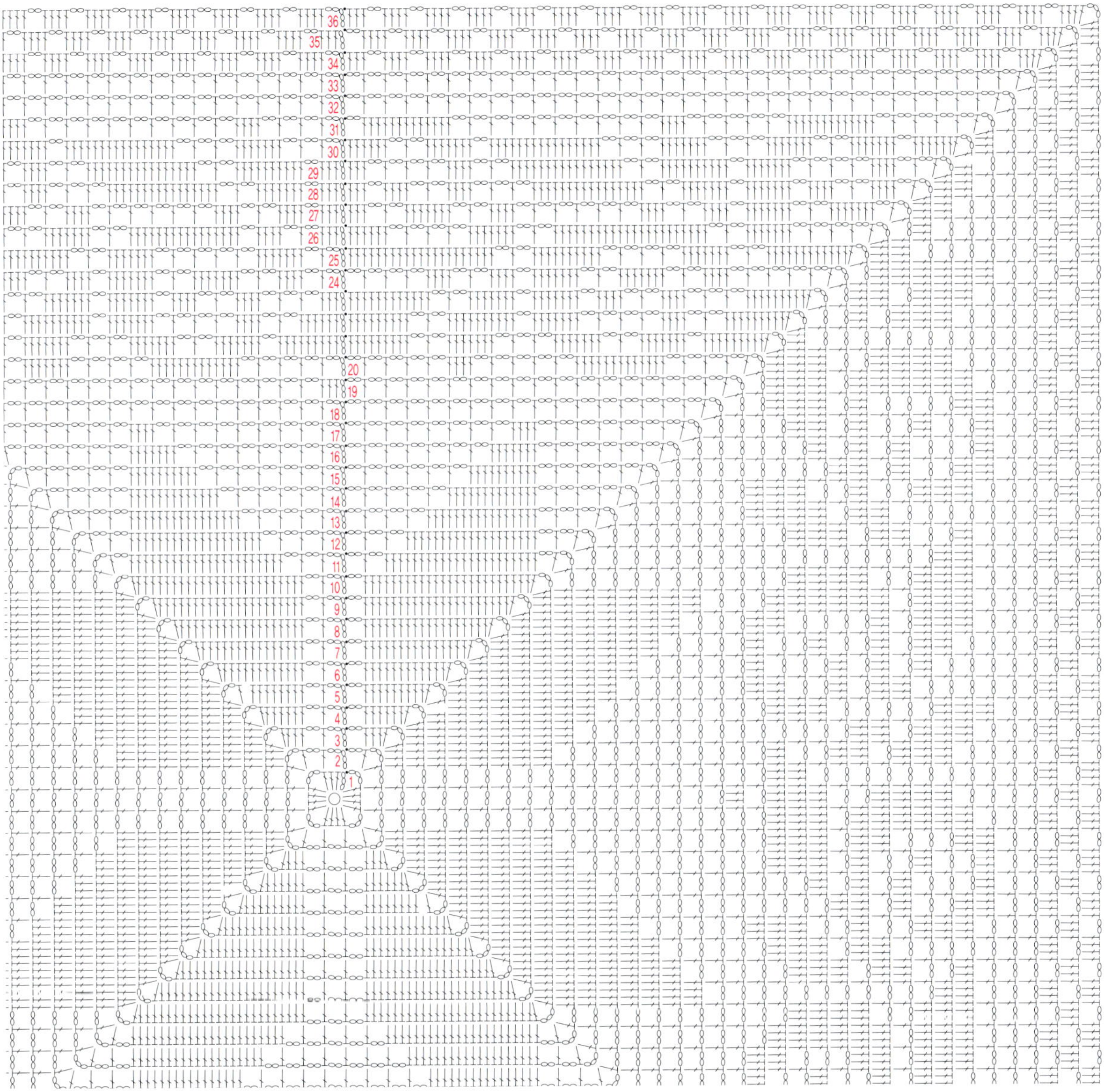

공작 무늬 액자 뜨기

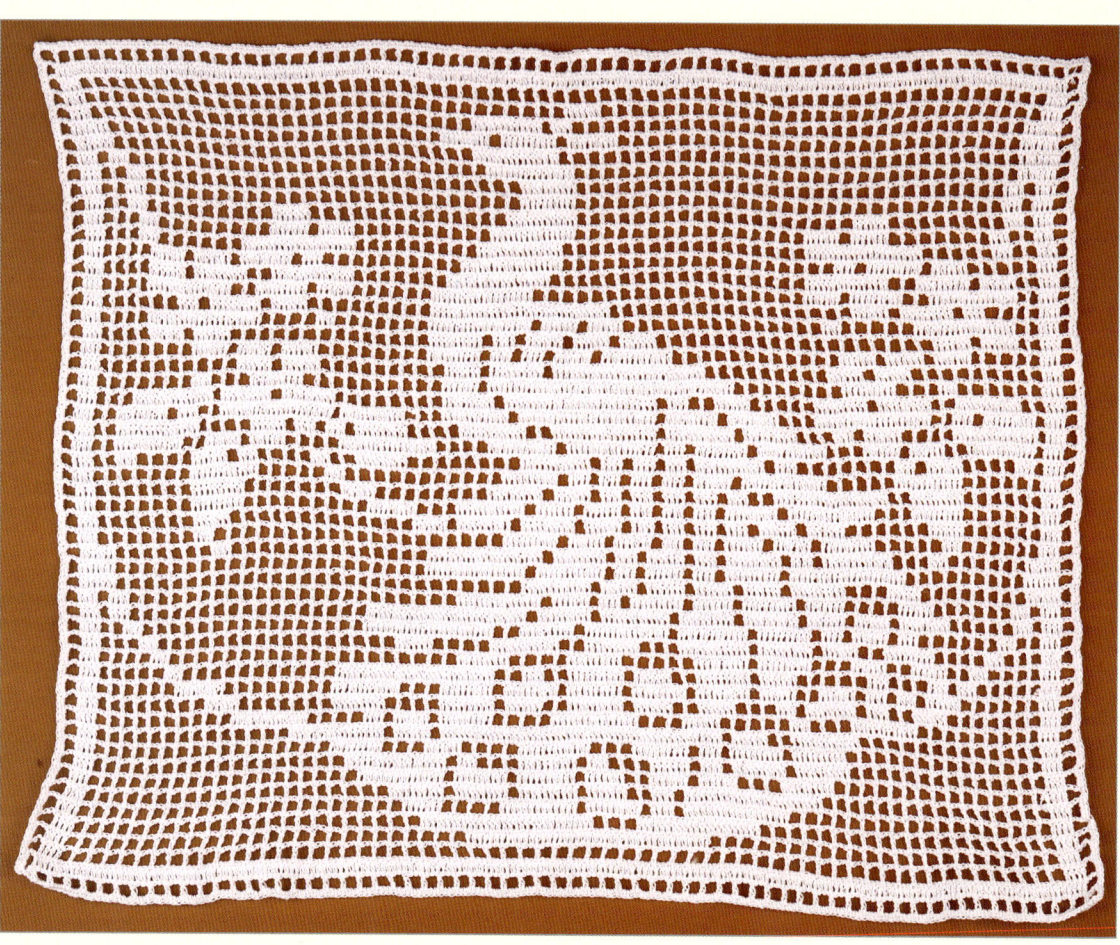

 **뜨는 방법 및 활용법**

- 사슬 202코(67칸+1코)로 도안 참고하여 무늬뜨기 한다.
- 벽걸이 장식이나 가구 윗부분에 좁은 부분 가리개로 활용해도 좋다.

 완성치수 : 49cm×38cm

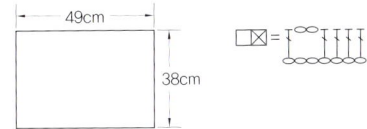

사방 해바라기 꽃 무늬 뜨기

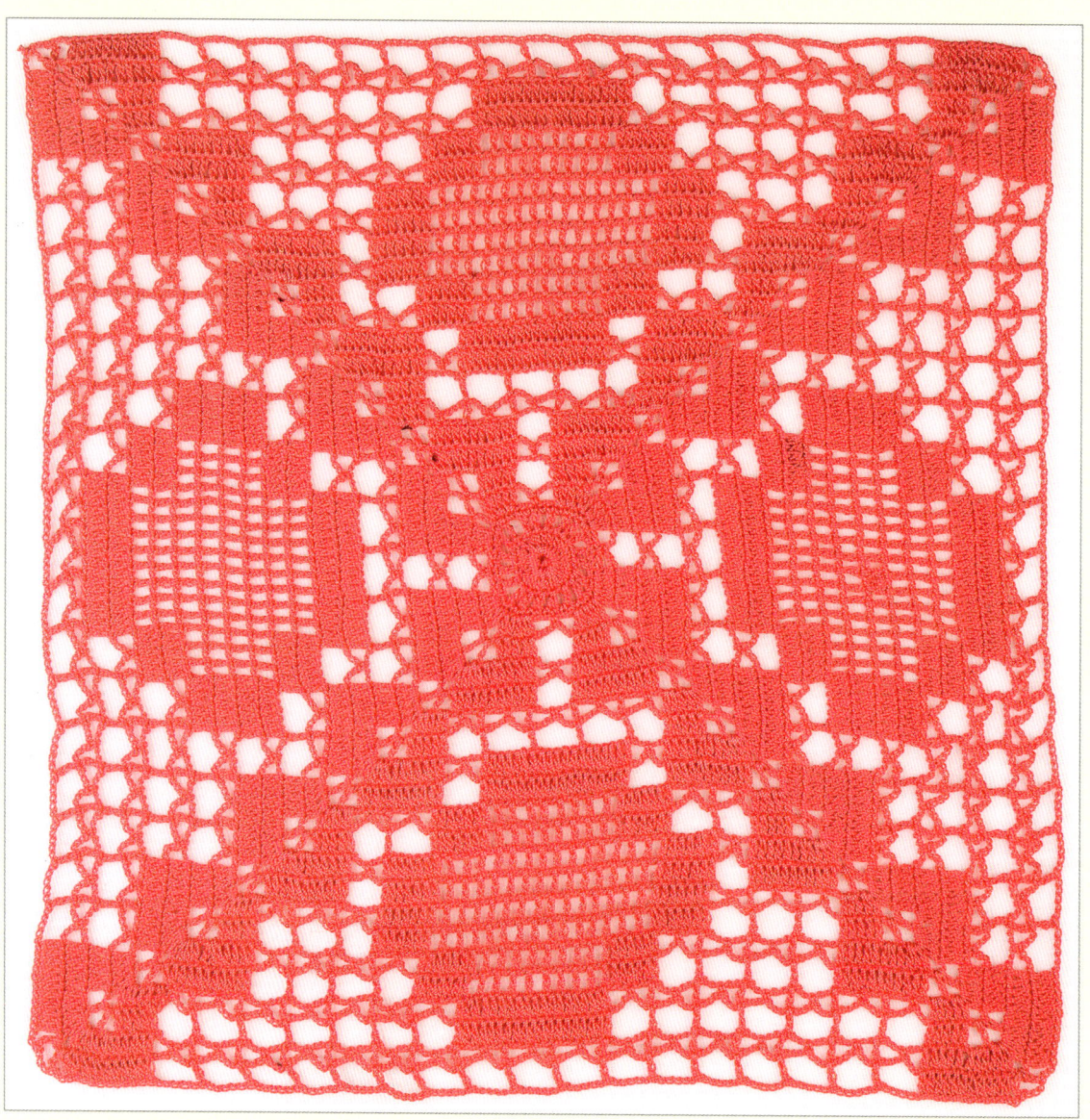

뜨는 방법 및 활용법

- 사슬 5코로 고리를 만들어 시작점으로 무늬뜨기 하는데 도안을 참고하여 뜬다.
- 도안에서 23단까지는 기본 사방뜨기 도안이다. 사방뜨기 도안만 여러 장 떠서 모티브로 사용해서 카펫이나 침대 커버로 활용하거나, 기본 사방뜨기 도안에 단 수만 늘리고 다른 가장자리를 떠서 방석이나 장식보로 활용할 수 있다.

완성치수 : 31cm × 31cm

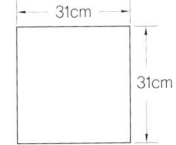

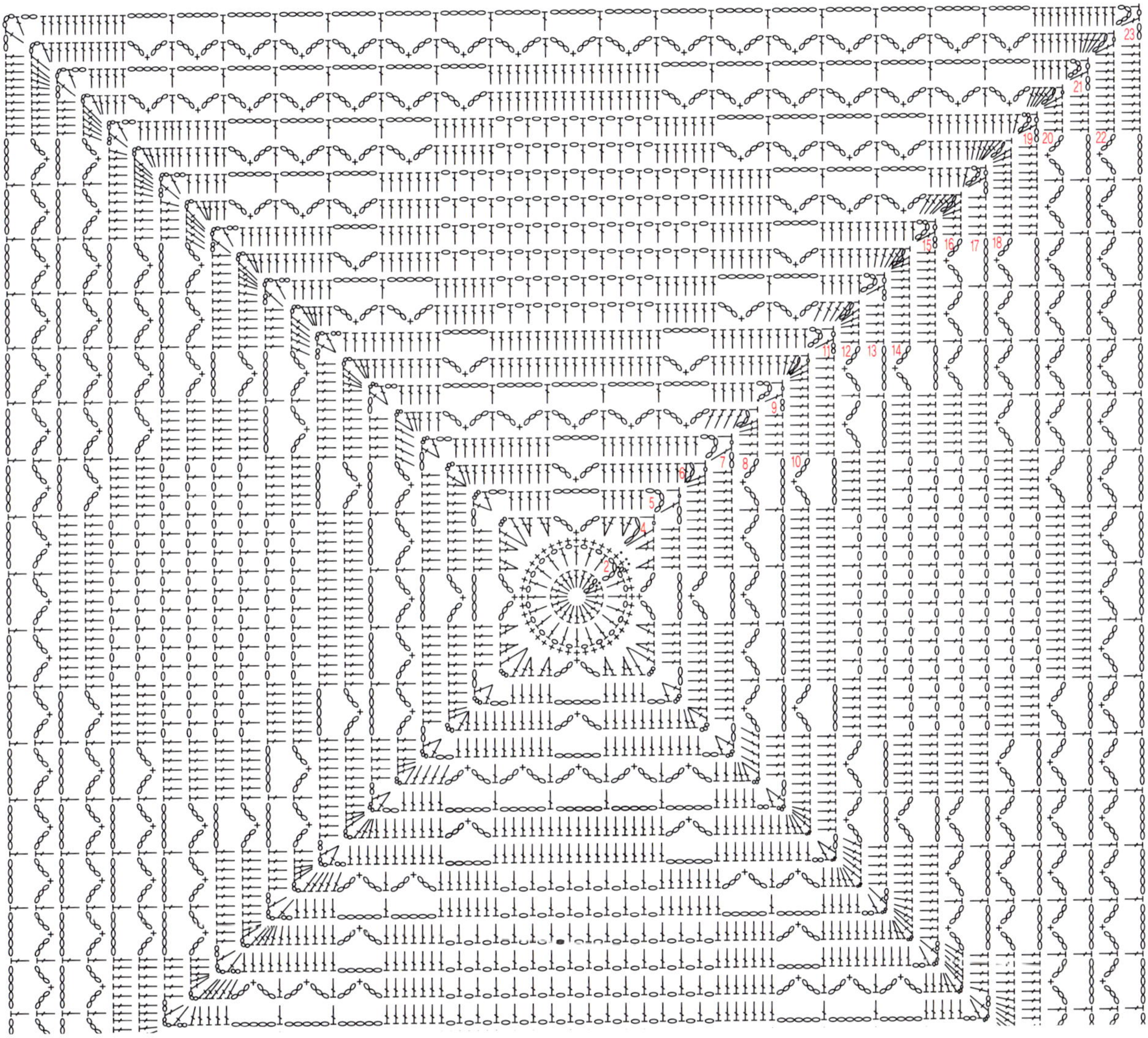

장미 꽃 거울모양 액자 뜨기

뜨는 방법 및 활용법

- 사슬 211코(70칸+1코)를 시작코로 무늬뜨기를 하는데, 가운데 중심코를 상·하로 나누어 뜬다.
- 도안이 타원형이라 table 중심 장식보로 활용하거나 벽걸이 장식 point로 활용해도 좋다.

완성치수 : 47cm×58cm

기하학 무늬 벽걸이 도형 뜨기

뜨는 방법 및 활용법

- 사슬 187코(62칸+1코)를 시작코로 도안을 참고하여 무늬뜨기 하는데 시작코는 작품에 중심코이므로 상·하로 나누어 뜬다.
- 기본 도안을 떠서 table 중심 장식품으로 활용하거나 무늬 수를 늘려 소파 커버로 활용해도 좋다.

완성치수 : 42cm × 60cm

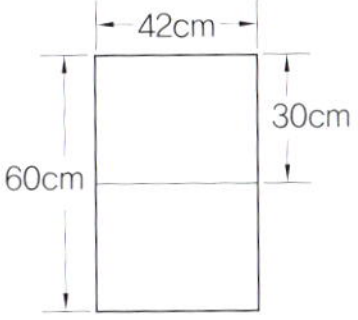

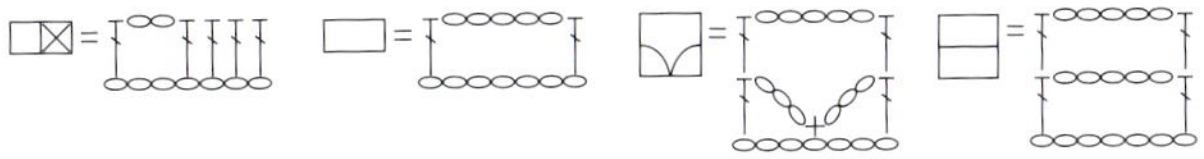

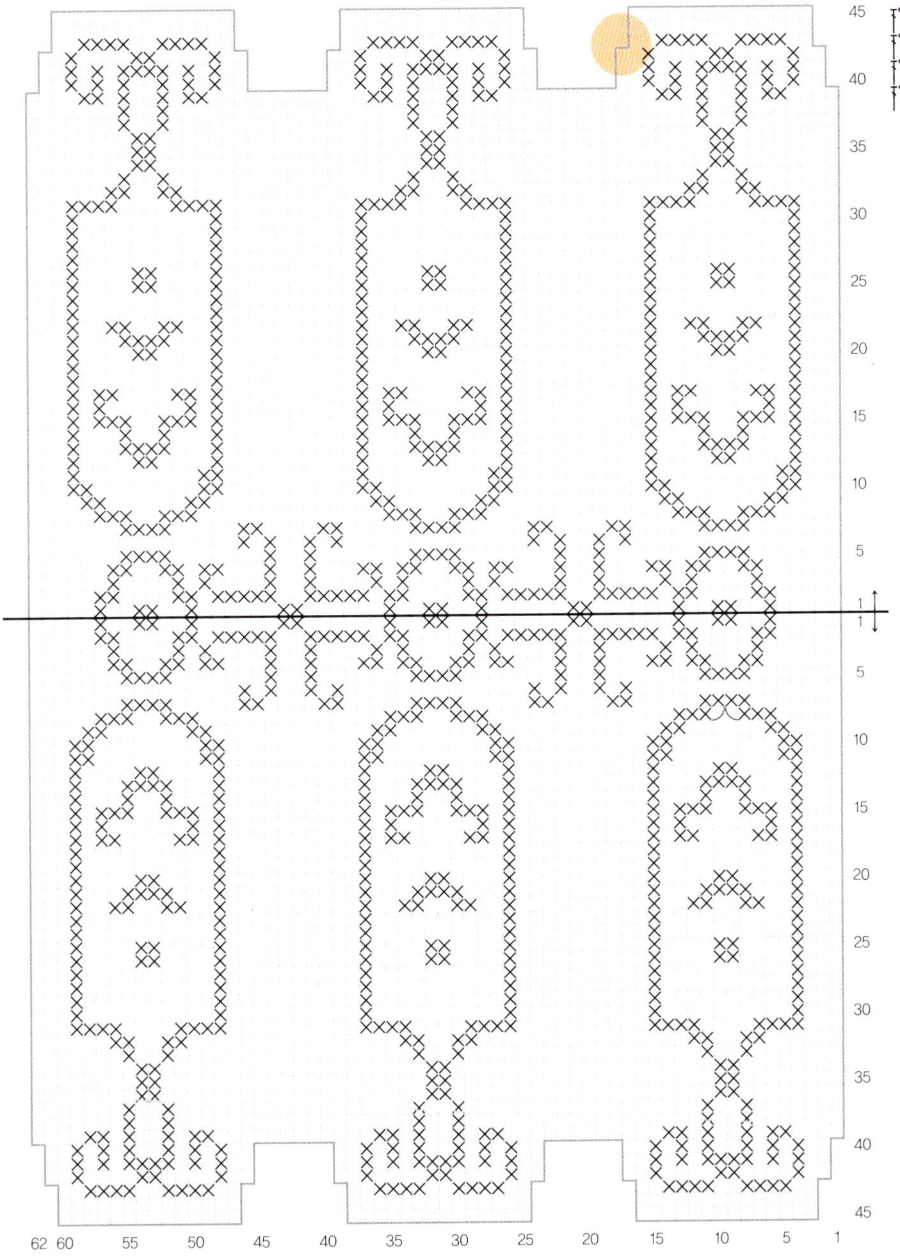

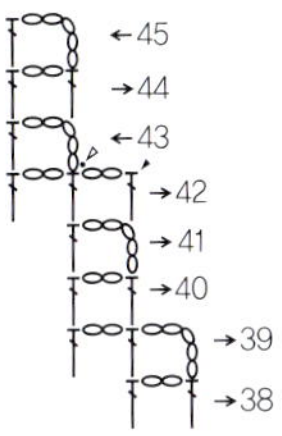

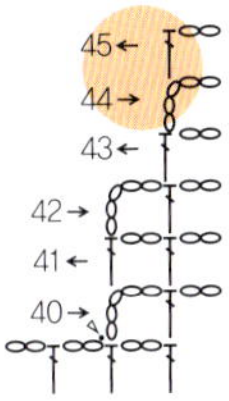

원형 테이블 뜨기

뜨는 방법 및 활용법

- 고리를 만들어 시작점으로 도안을 참고하여 무늬뜨기 한다.
- 기본 도안을 table보로 활용하거나 장식 끝단에 대칭뜨기 해주고 중심 구멍을 키워 패션 양산에 활용할 수도 있다.
- 가장자리 사슬 칸뜨기 단 수를 늘려 원형 깔개나 큰 table보로 활용할 수 있다.

 완성치수 : Ø62cm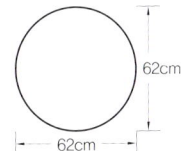

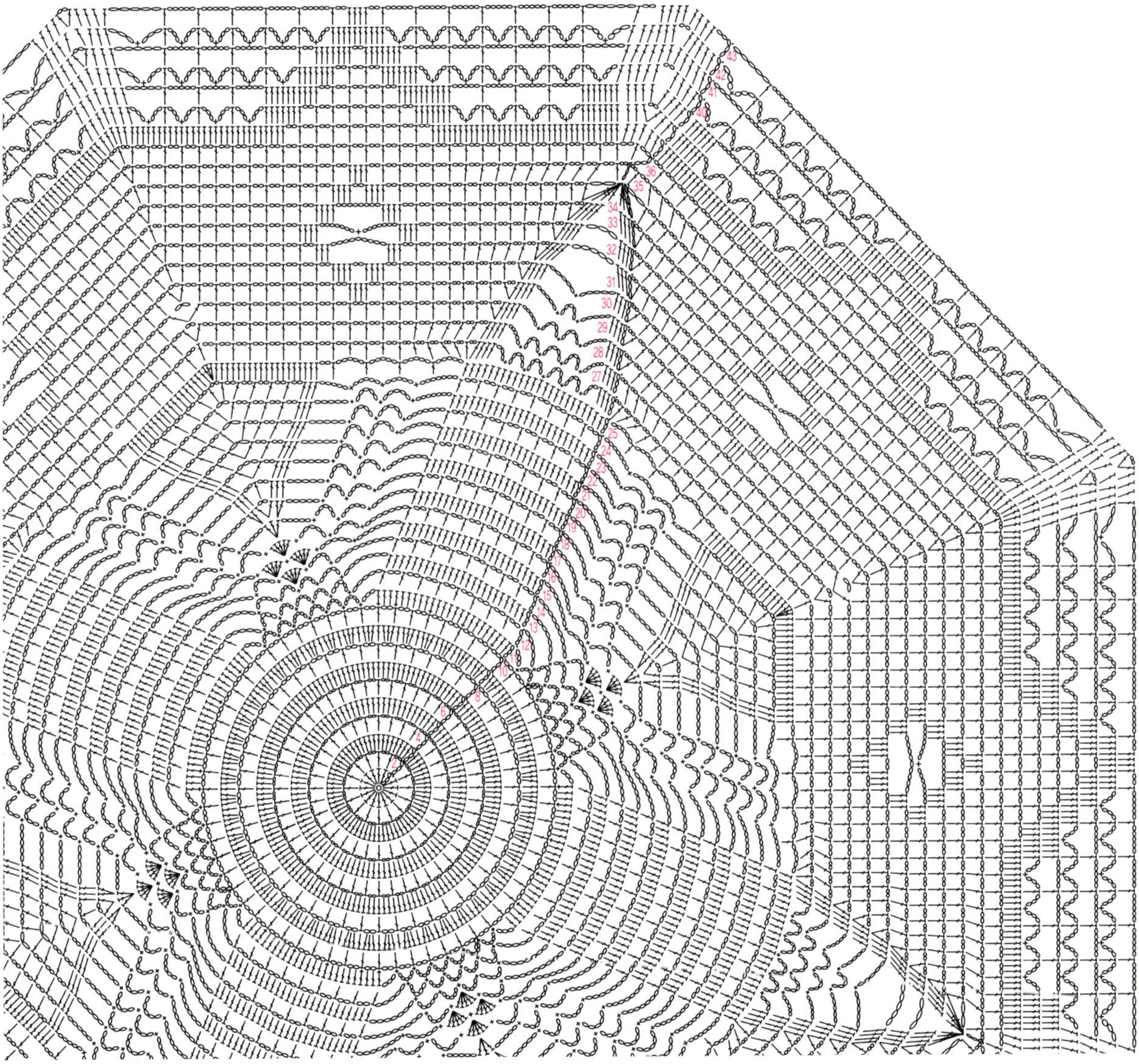

십육각 꽃 무늬 뜨기

뜨는 방법 및 활용법

- 가운데 고리를 만들고 짧은뜨기 18코를 떠서 시작점으로 무늬뜨기 하는데, 도안을 참고하여 뜬다.
- 기본 도안으로 방석 또는 table보를 활용하거나 사슬 칸뜨기 단 수를 늘려 큰 table보나 카펫으로 활용해도 좋다.

 완성치수 : 61cm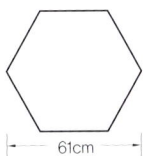

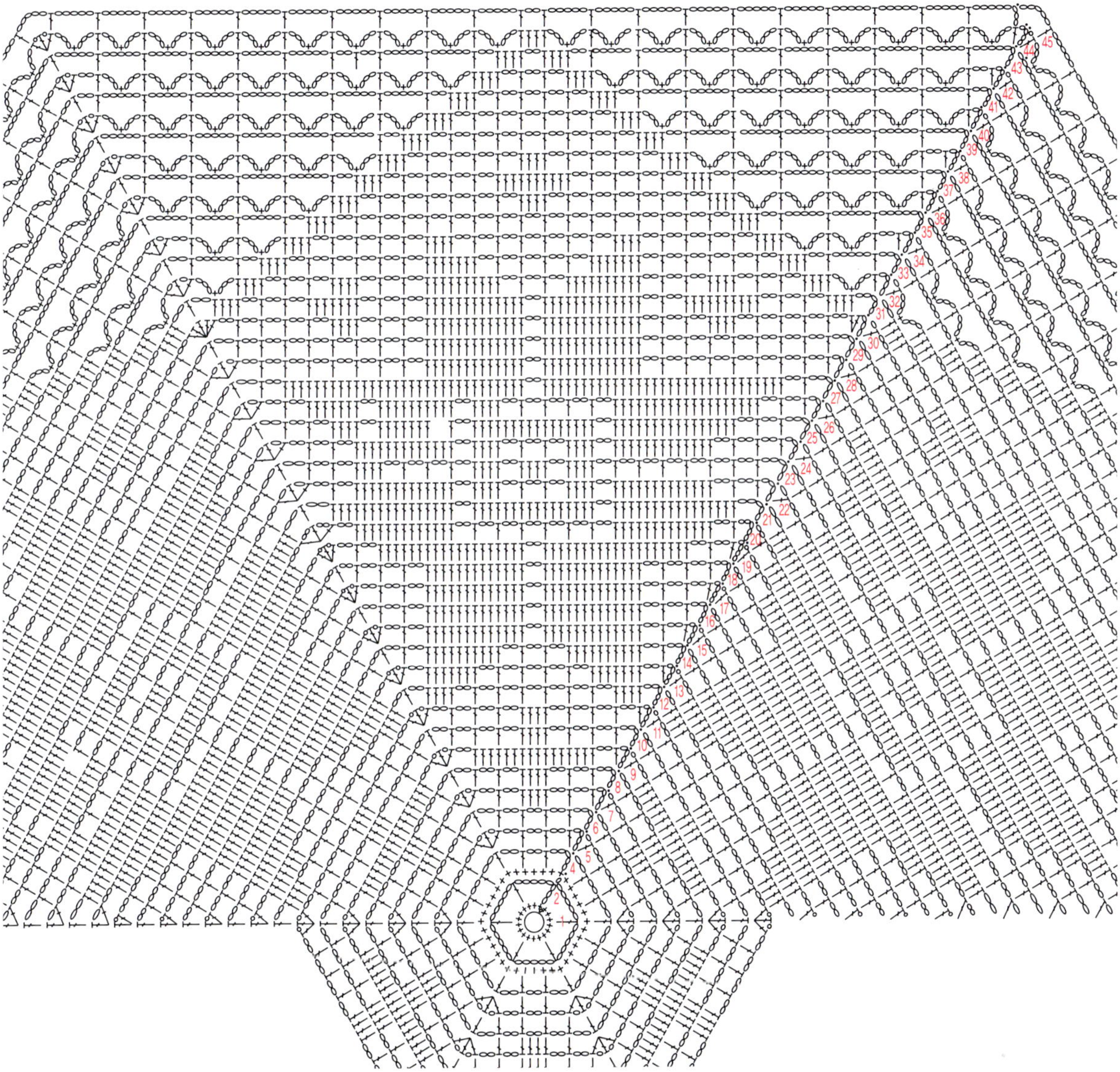

사방 포도 넝쿨 액자 뜨기

뜨는 방법 및 활용법

- 가운데 고리를 시작점으로 도안을 참고하여 무늬뜨기 한다.
- 도안 자체만으로 장식 커버나 방석으로 활용하거나 마지막 2단을 반복해서 늘려 가장자리를 키워 사각 table보로 활용하면 좋다.

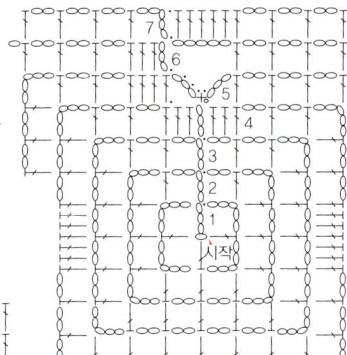

 완성치수 : 58cm × 58cm

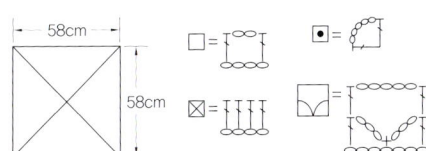

사방 파인애플 무늬 뜨기

뜨는 방법 및 활용법

- 사슬 8코로 고리를 만들어 시작점으로 해서 도안을 참고하여 무늬뜨기 한다.
- 방석이나 쿠션으로 활용하거나 가장자리를 사슬뜨기 단을 늘려 table보로 활용 가능하고 조각조각 이어 모티브 카펫을 만들어 활용할 수도 있다.

 완성치수 : 39cm×39cm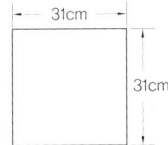

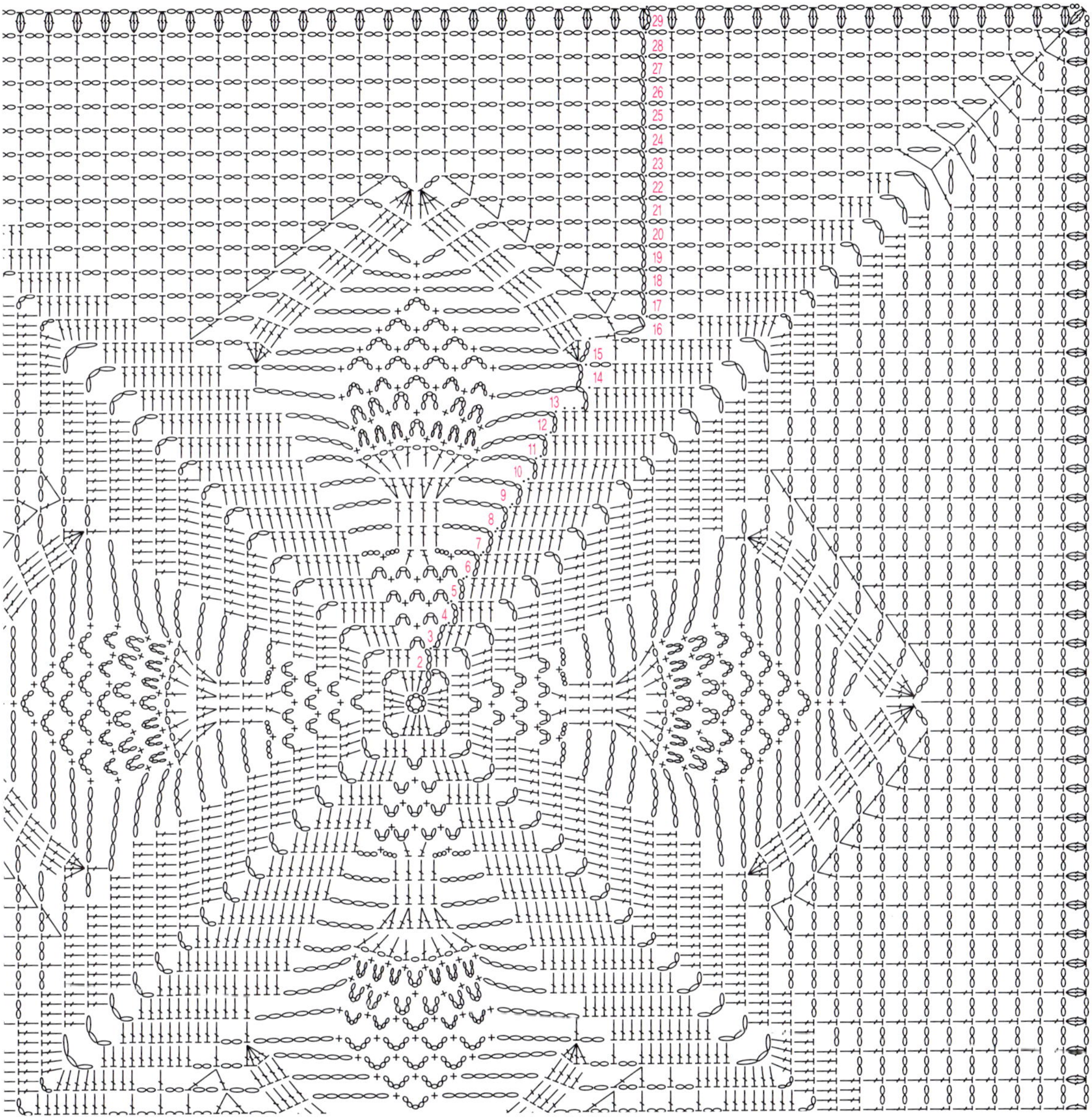

육각 나비 무늬 뜨기

뜨는 방법 및 활용법

- 가운데 고리를 만들어 시작점으로 하고 도안을 참고하여 무늬뜨기 한다.
- 방석이나 table보로 활용하거나 가장자리 사슬뜨기 단 수를 늘려 깔개 또는 큰 table보로 활용해도 좋다.

 완성치수 : Ø60cm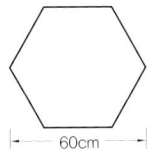

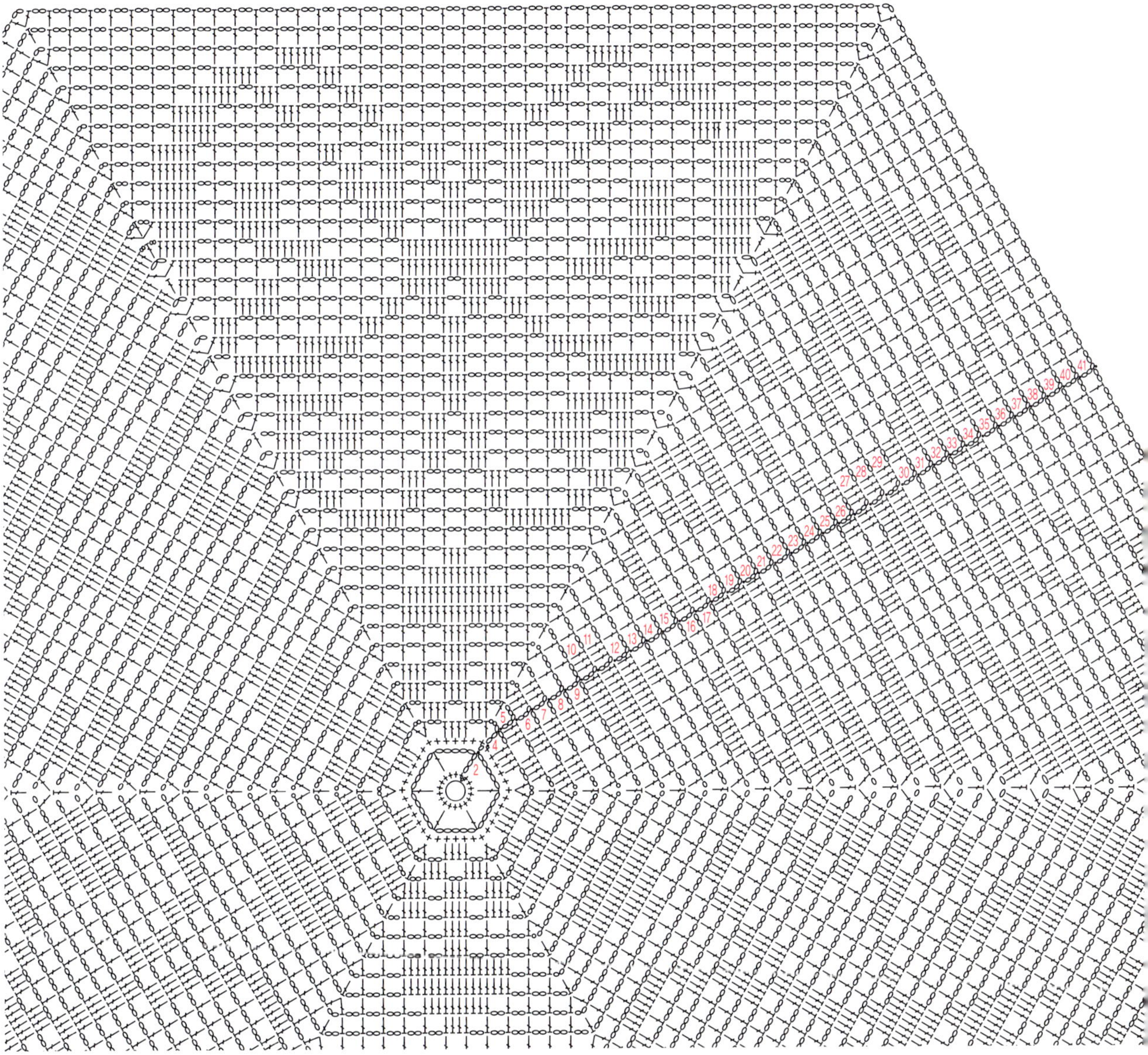

꽃 화분 액자 뜨기

뜨는 방법 및 활용법

• 사슬 241코(80칸+1코)를 시작코로 도안을 참고하여 무늬뜨기 한다.
• 깔개나 벽걸이 장식으로 활용하거나 소파 커버로 활용해도 좋다.

 완성치수 : 62cm×65cm

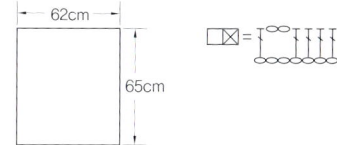

팔각 기하학 무늬 뜨기

뜨는 방법 및 활용법

- 사슬 8코로 고리를 만들고 짧은뜨기 16코를 떠서 시작점으로 하여 무늬뜨기 하는데, 도안을 참고하여 무늬뜨기 한다.
- table보나 패션 양산으로 활용하거나 가장자리에 사슬 칸뜨기 단 수를 늘려 큰 table보나 깔개로 활용하면 좋다.

 완성치수 : Ø63cm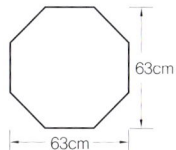

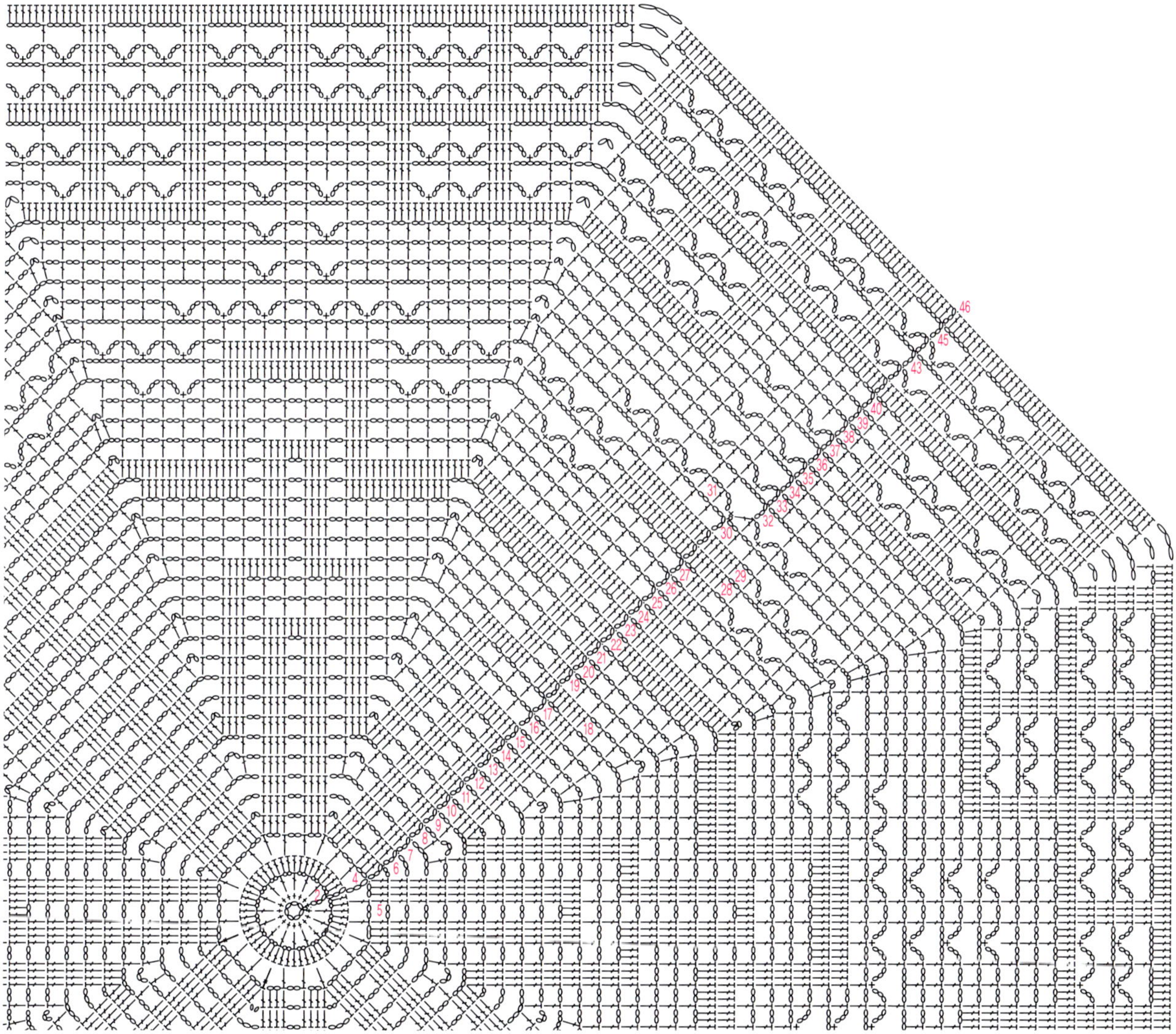

육각 국화 무늬 뜨기

뜨는 방법 및 활용법

- 사슬 4코로 고리를 만들어 시작점으로 무늬뜨기 하는데 도안을 참고하여 무늬뜨기 한다.
- 쿠션이나 장식 table보로 활용하거나 가장자리 칸뜨기 단 수를 늘려 크기를 넓혀 큰 table보 또는 깔개로 활용해도 좋다.

 완성치수 : Ø52cm

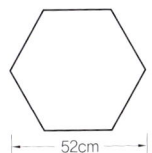

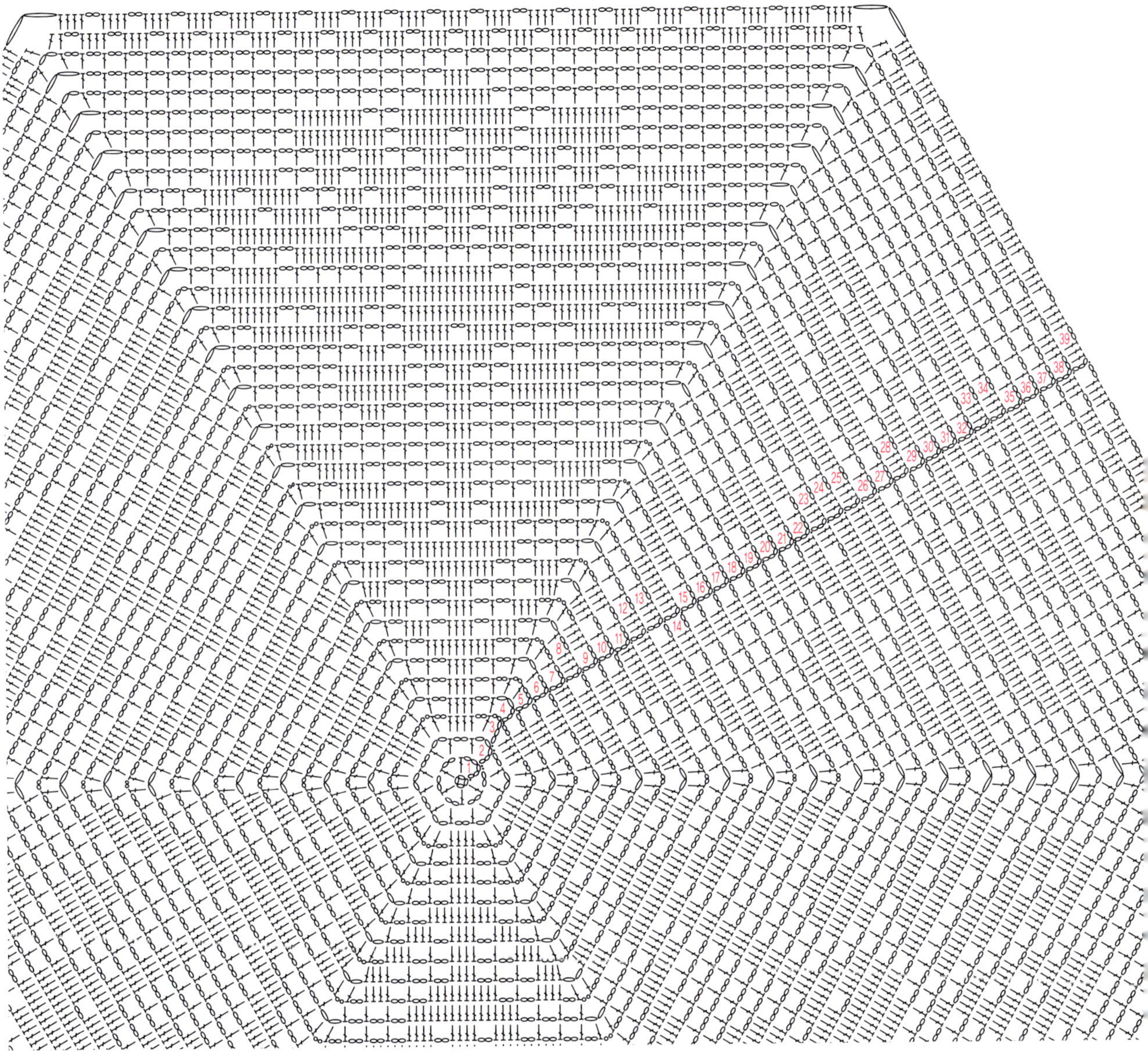

십육각 테이블 무늬 뜨기

뜨는 방법 및 활용법

- 가운데 고리를 만들어 세길 긴뜨기 기둥칸 16칸을 시작점으로 무늬뜨기 하는데 도안을 참고하여 뜬다.
- 원형 table보로 활용하거나 장식 깔개로 활용하면 좋다.

완성치수 : Ø90cm

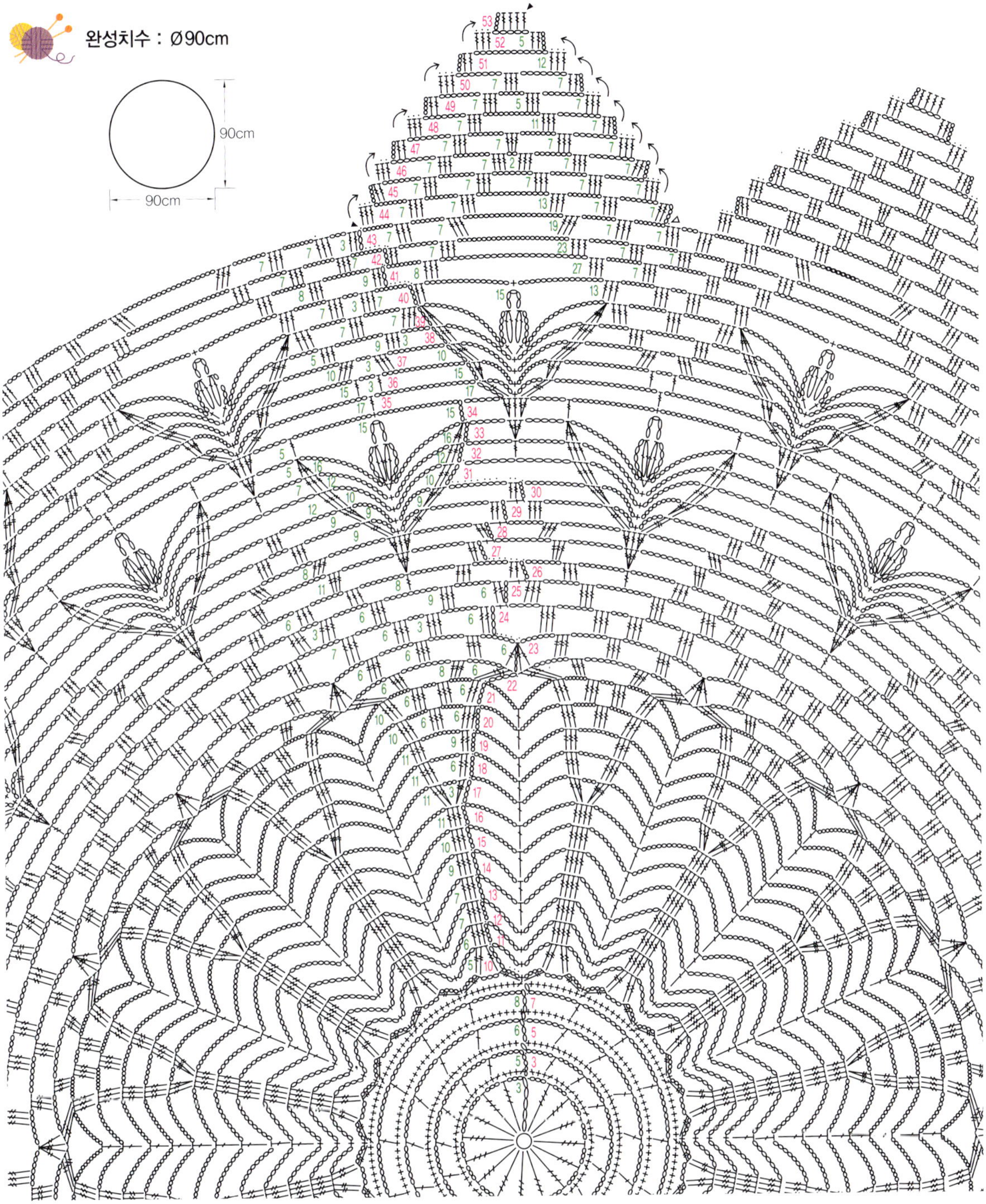

백조 무늬 액자 뜨기

뜨는 방법 및 활용법

- 사슬 214코(71칸+1코)를 시작코로 도안을 참고하여 무늬뜨기 한다.
- 벽걸이 장식으로 활용하거나 두 장을 떠서 커튼 봉에 걸어 커튼으로 활용하면 좋다.

 완성치수 : 48cm×71cm

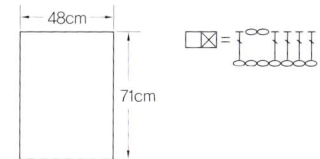

무늬뜨기 활용 소품

무늬뜨기 활용 소품

무늬뜨기 활용 소품

무늬뜨기 활용 패션

무늬뜨기 활용 패션

무늬뜨기 활용 패션

무늬뜨기 활용 패션

무늬뜨기 활용 패션

무늬뜨기 활용 패션

무늬뜨기 활용 패션

도일리 손뜨개 무늬집

2013년 1월 10일 인쇄
2013년 1월 15일 발행

저　자 : 임현지
펴낸이 : 남상호

펴낸곳 : 도서출판 예신
www.yesin.co.kr

140-896 서울시 용산구 효창원로 64길 6
대표전화 : 704-4233, 팩스 : 335-1986
등록번호 : 제3-01365호(2002. 4. 18)

값 15,000원

ISBN : 978-89-5649-105-9

* 이 책에 실린 글이나 사진은 문서에 의한 출판사의
동의 없이 무단 전재·복제를 금합니다.